さりげなく人を動かす　スゴイ！話し方

情商高的人
说话超温暖

［日］山崎拓巳／著　黄琼仙／译

AWESOME
TALKING RULE

中国传媒大学出版社
·北京·

序言

会说话的人，并不是嘴快或辩才无碍，而是……

■ **我曾是最差劲的说话者**

我很幸运，获得了许多在众人面前说话的机会，**到目前为止，听过我演讲的人数量超过两百万**。

通过"说话"，我得以和众多伙伴相识相知，并齐心协力完成很多工作。对我而言，**说话就像是一项不可或缺的生存技能**。

这一次，我想将自己所有的说话技巧都记录在本书中。

虽然现在我的说话技巧不错，但在

二十五岁之前,我绝对称不上是"说话达人"或"沟通高手",反而是别人眼里的"头痛人物",爱顶嘴,喜欢逞口舌之快,常为辩倒别人而沾沾自喜。

直到有一天,某位尊敬的前辈给我的一个忠告,让我茅塞顿开。从此,我开始深刻反省自己的说话方式。

这位前辈的具体忠告将在内文中详述。现在我要说的是,正是因为这位前辈的好心点拨,我才得以在生活和工作中总结出更多的说话技巧,并彻底改变自己的说话方式。**在我试着改变自己的说话方式后,周围人对我的态度也发生了重大的变化,一切都开始好转。**

■ 说话术是人生的最强武器

这本书记录了我在过去三十年间,以自身经历总结出的"感动人心的说话术"。

刚开始撰写本书时,我曾犹豫不安,担心万一有读

者以为我写本书是为了炫耀自己卓越的说话技巧,该怎么办呢?

可是我转念一想,如果我不将学到的技巧公之于世,自己迄今受教的各方人士的智慧就会从此长眠,这将是多大的损失啊!因此,我决定鼓起勇气撰写本书。

购买本书的人应该都对"说话"这方面感兴趣。在此我想谢谢你们,同时也要对你们说声恭喜!因为**跟过去相比,说话、写作等沟通表达能力在现代社会中变得越来越重要,越来越有价值**。

- 希望可以跟每个人愉快地聊天。
- 希望赢得他人的信赖,并建立深厚关系。
- 希望能清楚地传达自己的想法。
- 希望能给朋友加油打气,用话语激发他的干劲。
- 希望能在众人面前侃侃而谈,并俘获他们的心。

只要掌握说话的技巧,以上愿望都能达成,你也会拥有人生的最强武器。而且,**在你提升说话技巧的同时,倾听能力也必然随之提升。**

因此,我想撰写一本在职场、情场、家庭以及休闲娱乐场合都能应用的沟通指南书,希望能助各位一臂之力。

由于网络的普及，人际关系发生了巨大的变化。通过社交网站，我们甚至可以知道远方朋友昨天午餐的内容，还可以通过视频面对面地与之交流。而且，我们的生活方式也出现了极大的变革：自动驾驶汽车问世上路，无人机可以飞上天进行航拍。

但不变的是，**无论在哪个时代，掌握说话技巧的人都能备受瞩目，获得优势。这本书就是要让你告别过去，拥抱全新的自己。**

■ 高手的说话术其实很低调

我们可以将说话技巧想象成唱歌技巧，就像每位歌手都会结合自身个性，找出专属于自己的风格一样，每个沟通高手也都有自己的特色。因此，沟通高手的说话方式总是给人一种变化莫测、难以捉摸的感觉，其他人很难掌握个中诀窍。

不过，不用担心，虽然高手们的说话风格迥异，但他们的说话技巧却存在共性，有规可循。

本书将对沟通高手的说话术进行剖析，并将其中诀窍毫无保留地传授给大家。

阅读到此，大家可能以为书中介绍的说话技巧会高深莫测，其实不然，所谓大道至简，这些技巧实际上相当简洁低调，人人都可学而用之。

现在，就让我们低调地学习这些技巧吧！绝对不要像那些刚参加沟通培训班，隔天就认为自己脱胎换骨的主管们那样，巴不得让所有人都知道自己学过说话术。请不要向任何人张扬，静静地通过本书学习说话技巧，然后在日常生活中认真实践。

如果读者能够不将这本书当成单纯的说话术教科书来看待，而是将其视为人生指南书来参考，那将是我至高无上的荣幸。

山崎拓巳

目录

第 1 章

不经意间打动人心的说话术

1. 为何光讲道理伤感情？因为赢了道理，却失了人心 ⋯⋯⋯⋯⋯ 2
2. 为何真话易刺耳？严厉、和善都不对，而要⋯⋯⋯⋯⋯⋯⋯⋯ 5
3. 为何糖果、鞭子无法激励人心？这时得开启"动机3.0" ⋯⋯⋯ 7
4. 为何老生常谈没效果？其实打动人心有窍门 ⋯⋯⋯⋯⋯⋯⋯ 10
5. 为何忠告变中伤？因为没有以"爱"为出发点 ⋯⋯⋯⋯⋯⋯ 13
6. 为何对方不表示赞同？魔法话术是善用动词 ⋯⋯⋯⋯⋯⋯⋯ 15
7. 谁说管理者必须要声色俱厉？球型组织让你暖起来 ⋯⋯⋯⋯ 17
8. 谁说老板奖励员工非要给钱？精神赞美更能激发动力 ⋯⋯⋯ 19
9. 如何用一句话感动人？"梦想 + 公共利益 = 志向"这公式好用 ⋯ 22
10. 如何与话不投机或讨厌的人相处？"闪避"懂吧！⋯⋯⋯⋯⋯ 25

第 2 章

令人怦然心动的超温暖说话术

1. 与不同类型的人交谈时 ⋯⋯⋯⋯⋯⋯⋯⋯⋯⋯⋯⋯⋯⋯⋯ 28
2. 跟比自己优秀的人交流，你不需要恐惧，而要展现学习精神 ⋯ 31
3. 与初次见面的人交流，最有效的方法就是"抽鬼牌" ⋯⋯⋯ 34
4. 众人聚会时，用"介绍他人"的游戏加深彼此感情 ⋯⋯⋯⋯ 37
5. 每个人最感兴趣的永远是自己 ⋯⋯⋯⋯⋯⋯⋯⋯⋯⋯⋯⋯ 40

6	想瞬间拉近彼此距离，最有效的两句话是……	42
7	搜集各地的趣闻轶事，让你成为社交场合的主角	44
8	切记！说话只出七分力，目的是让对方意犹未尽	48
9	用积极正面的"教练式指导"问法，对方必会分享过往的美好经验	51
10	不想让对话停止？你首先得抛弃自满	54
11	"分担痛楚"才能建立真正的信赖关系	56

第3章

营造气氛、引导对方开口的说话术

1	绘画要从临摹开始，说话也是一样	60
2	运用镜像效应，由眼神散发出笑容	62
3	当你改变说话的声音，传达的效果就会不同	64
4	掌握"上半身说话法"，使话语如歌声直达人心	66
5	表情会影响对方心情，上扬嘴角来扭转说话气氛	68
6	常讲鬼故事，能练习停顿的艺术	70
7	活用拟声词，让听众与你产生身临其境的共鸣	72
8	你的所见所闻都能成为聊天话题	74
9	把日常生活中的点滴铭记下来，加点"料"就能成为有趣的话题	76

第4章

一定要让对方说 YES 的说话术

| 1 | 用"潜意识效应"，把 NO 扭转为 YES | 80 |
| 2 | 培养思考的习惯，磨炼说话的技巧 | 83 |

3	通过学习观摩，建立自己专属的简报范本 ············ 85
4	说话简洁有力，就像标语一样深入人心 ············ 88
5	推销时，用风趣幽默的口吻传达最有效 ············ 91
6	推销有术，因人而异才能直击痛点 ············ 94
7	通过察言观色，委婉表达自己的心声 ············ 97
8	当你提供建议时，整体思考有助于对症下药 ············ 100
9	抱持利他想法，就会有所回报 ············ 103

第5章

激发他人干劲的必杀话术

必杀话术1	鼓励对方拥有梦想，你得说······ ············106
必杀话术2	为陷入压力"泥沼"的朋友加油打气时，你得说······ ············108
必杀话术3	帮助他人找回初心时，你得说······ ············110
必杀话术4	想与初次见面的人快速拉近距离，你得说······ ············112
必杀话术5	在关键时刻为他人赋能，你得说······ ············116
必杀话术6	想要诱导顾客点头同意，你得说······ ············118
必杀话术7	想帮犹豫不决的人迈出第一步，你得说······ ············120
必杀话术8	化解会议无人发言的尴尬，你得说······ ············123
必杀话术9	化解他人的不快与怒气，你得说······ ············126
必杀话术10	工作遇到麻烦，希望得到别人帮助时，你得说······ ············129

第6章

主持会议的说话术

1. 厘清会议目标，鼓励所有人发言 ············ 132
2. 少数未必要服从多数 ············ 134
3. 会议主席最重要的两大素质：分析力和判断力 ············ 136
4. 会场里没有失败者 ············ 138
5. 会议背后最重要的推手：调解人 ············ 141
6. 整合各方的意见并非妥协，而是拓宽视野 ············ 144
7. 事先宣告会议的目的与时间，会让过程更流畅 ············ 146
8. 面对强势与会者，四点妙计破难关 ············ 149

第7章

一开口就俘获听众的说话术

1. 开场后直奔主题？错！先岔题才有趣 ············ 154
2. 气氛窘迫不用怕，缓和气氛有方法 ············ 157
3. 演讲犹如长跑，最忌一开始就拼命 ············ 159
4. 注入笑点的秘诀，是运用时事、人际关系以及…… ············ 161
5. 发生意外状况怎么办？用说笑的方式化解！ ············ 164
6. 演讲就是传接球，与观众的互动很重要 ············ 167
7. 演讲中的措词要慎之又慎，避免无形中伤害他人 ············ 169
8. 光气氛好还不够，演讲要直击本质 ············ 171
9. 使用图表式演讲笔记，从此扔掉演讲稿 ············ 175

后记 利他思考是与人建立温暖关系的好方法 ············ 179

第1章

不经意间打动人心的说话术

第 1 章的主题为传递真心的说话技巧。

在这一章中,我将分享自己以前的失败经验和从失败经验中得到的启示。我想告诉各位,若希望别人真心待你,主动与你亲近的话,自己应该先持有什么样的态度,以及应该以何种方式与人沟通。

为何光讲道理伤感情？
因为赢了道理，却失了人心

二十五岁前，我喜欢与人争辩，常因在言辞上赢过对方而沾沾自喜，而且经常摆出一副为人师表的模样，将这些话挂在嘴边：

"你知道自己错在哪里吗？要我告诉你吗？"

"这么做不对。你的方法根本行不通。"

大家听到这些话的反应往往是："好好好，你说的都对，那就这样吧！"然后纷纷离我而去。

总之，我当时总是得理不饶人，非要分出胜负才肯罢休。

现在回想起来，那时的我不过是利用知识和狡辩去强迫对方相信，我是正确的，他是错误的。**虽然时常赢得道理，但**

却从未将话说进对方心坎里。因此，当时被我说得哑口无言的人，后来都没有成为我的朋友。不仅如此，有些人还为此与我翻脸，并大发雷霆。

每当看到对方的这种反应，我都感到有点失落，觉得自己好心没好报，因为我一直认为，自己指正对方的错误是出于好意，他为什么要生气呢？

如今我终于明白，如果你想要结交更多的朋友，希望能和别人好好共事，那么**据理力争的说话方式只会适得其反**。

但我当时并不懂得这个道理，只要发现别人的错误，一定会追根究底，直到对方认错才肯罢休，因为我一直认为指正别人的错误是为他好。此时，一位前辈给了我一些忠告，而这些忠告彻底改变了我的人生。

那时我刚满二十五岁。有一天，那位前辈突然把我拉到一旁，语重心长地对我说："阿拓，**不要与人起冲突**。还有，**也不要太过强势，遇事总想胜人一筹**。"

"咦？"我十分讶异，"那么，该如何告诉对方什么才是对的呢？"我不解地问，脑子里满是问号。

"**首先要肯定对方的想法，然后再表达自己的意见，这么一来，大多数人都能坦然接受你的建议**。比如你可以这么说：

'你说得对，我理解你的意思。你也可以听听我的看法吗？'你以后试着这样说，事情的发展肯定会和以前截然不同。"

当时，前辈还给我举了一个例子：

"'餐具没格调！可是菜色非常棒！'和'料理真的很好吃。不过，餐具能多注意一下会更好。'你认为哪句话能让听者欣然接受？"

"阿拓，你总是习惯以否定句作为开场白，要不要试着将顺序颠倒一下呢？"

直到今天，我仍将前辈的这些忠告铭记于心。因为正是这些忠告点醒了我，让我彻底告别那个好辩的自己。

交流时，"建立情谊"比"赢得道理"更重要。

为何真话易刺耳？
严厉、和善都不对，而要……

我高中时加入学校的田径队。到了高三，我成为队长。

当时我一心一意想打造一支优秀的团队，因此在管理上采用上下关系严明的金字塔组织结构，给同年级的队员及学弟学妹们造成极大的压力。这个策略确实让我打造出了一支优秀的田径队，但是当我毕业时，几位队员却要求退队。

那时候，我并不知道自己哪里做错了，于是找他们谈心。他们说，过去这么拼命，并不是为了提升自己的田径实力，而是在意队长对自己的看法，等到身为队长的我一毕业，他们便开始怀疑自己待在田径队的意义。

由于吸取了高中的经验，在大学社团时，我非常尊重学弟学妹们的自主性，总是以和善的态度跟他们相处，本以为这次会皆大欢喜，结果竟落得被他们瞧不起的下场。因为学弟学妹们只理会态度强势、很有威严的学长所说的话。

太严格不行，太和善也不行。通过这两次的经验，我得到了**中庸思维**的答案。中庸思维指的是中立的思考方式，待人不宜严厉，但也不能当老好人；不要瞧不起人，但也不需要刻意吹捧。

我渐渐觉得，中庸思维是待人接物的最佳指导方针。例如，某位新员工好高骛远地说："这个月，我要努力达成某个目标。"你是应该回他"会不会太勉强自己了"，还是"既然这么说了，那就挑战看看吧"呢？

如果你用前一种说法，对方可能认为你是说他"能力不足"，但如果用后一种说法，则可能让他在无力达成目标时，却因为下不了台而坚持不肯放手。总之，这两种说法都有缺陷。

如果要符合中庸思维，该怎么说才好呢？

"如果能达成目标，不是很棒吗？"

这句话的立场很中立，没有一味肯定，也没有予以否定。办得到当然很好，即使办不到，也能当作一次积极的挑战，而不会觉得难过。这就是中庸思维。

以后请各位在发言前，先想想如何利用这个原则。

想要成功打动人，发言就要遵循中庸思维的原则。

3

为何糖果、鞭子无法激励人心？
这时得开启"动机 3.0"

想要振奋士气，**最简单的方法就是语言激励法**。

当我们想为对方加油打气时，总是不假思索就说出"加油"等常用的鼓励话。当下对方或许会觉得情绪高涨，可是过不了多久便会偃旗息鼓。因为你的鼓励只是让对方暂时处于亢奋状态，而没有真正激发出他的动力。

这时候，对方往往不是出于自己的意愿去行动，而是在激励者的刺激下才有所行动。

把常用的激励语当作暂时的强心剂，的确没有问题。但从长期来看，强心剂的功效不仅会减退，而且还可能有副作用。

如果真心为对方着想，那就必须要考虑得更周详、更长远，最好是让他知道在未来的人生当中，真正重要的是什么。

因此，**语言激励的精髓不是要激发出对方的"干劲"，而是要激励出他的"真心"。**

"干劲"与"真心"大不相同。干劲是一种无法持久的亢奋状态，而真心是一种在平静状态下的自我意愿，是能够持续一生的理性诉求。当我们担任某个组织的领导人时，一定希望每位成员都能真心对待自己的工作。

各位知道美国作家丹尼尔·平克（Daniel H. Pink）提出的动机三阶段理论吗？

- **动机 1.0：为了生存而行动**（生理需求）
- **动机 2.0：为了取得报酬或利益而行动**（社会需求、外在动机）
- **动机 3.0：因为自身意愿而行动**（自我实现需求、内在动机）

其中的"动机 2.0"可比喻为"糖果与鞭子"。在工作仅只是流水作业的时代，糖果与鞭子的确能发挥效果。但是到了 21 世纪，工作内容已从生产物品转变为生产创意，这一招就毫无用武之地了。现在，人们需要的是**"动机 3.0"**。因为一个人如果无法确立自己的人生观和价值观，就无法真心面对眼前的状况。

以在餐饮店打工的大学生为例。有的人是因为想从事餐饮业，所以通过打工积累经验；有的人只是因为前景迷茫而暂时栖身，并非喜欢这个工作。

如果对这两种人都给予相同的建议，自然不合适。要想打动他们，必须要给予不同的建议：

对于前者，你可以给出这样的忠告："**做餐饮业的话，最重要的沟通能力！**"

对于后者，你可以告诉他："**像你这样的年纪，应该多体验几种工作……**"

就像上面的例子，我们在提建议时，必须要依据对方的内在动机，提出与之符合的建议，才能真正激发他的动力。

因此，如果想要真正地激励对方，首先一定要了解他的内在动机，再配合其动机给出忠告。

 激励对方的关键在于洞悉其内在动机。

为何老生常谈没效果？
其实打动人心有窍门

"人生真正值得珍惜的东西并不多。"

类似这种劝世警言，已经有太多人说过，我们早就听腻了。

因此，当你准备使用此类老生常谈的警句时，一定要慎之又慎。因为一旦对方产生"你说的我早就知道"的想法，你的话就不可能打动他。

当然，我们也不能因噎废食，弃之不用。其实我们只需将这些老生常谈换成新颖的说法，就能再次打动人心。也就是说，在传达古老的智慧时，**能否以别致的方式进行包装，将成为成败的关键。**

比如，当你想告诉对方不要因循守旧时，不妨试着这么说:"如果遵循过去的经验,当然能降低失败率,但也不会有中彩票般的惊喜。"

"不会有中彩票般的惊喜"这句话就是别出心裁的表达。

当你想表达今天就要为明天做好准备时,也可以换个方式表达,譬如你可以说:"就从今晚揭开明天的序幕吧!"

对说话高手而言,这种"点石成金"的表达转换能力是必不可少的,而要想拥有这种能力,就要涉猎广泛,与时俱进,**通过丰富自己的词汇量,建立自己专属的语言逻辑库**。

我曾与一位年过花甲的知名音乐人一起喝酒。聊天途中,我看他一直在iPhone上点点划划,便忍不住问他:"您在写什么呢?"

他回答道:"我正在把不懂的词汇记下来,以便回家后查阅意思。"他还告诉我,**新学的词汇一定要在三天之内说出口**,因为使用是理解词汇概念的重要过程。

人生就是一次永不停息的学习之旅。**第一次解释事情时,总是费尽口舌,词不达意,但多解释几次之后,就会驾轻就熟,简洁精练**。就像文案人员思考标语那样,只有经过不断思考和反复表述,最终才会写出洗练而又打动人心的句子。

理解不同词汇的含义，可以让自己的知识更加渊博；明白更多词汇的概念，就能让自己的世界更加宽广。

　　拓展自己的世界，以更广阔、更深刻的视野认识一切，就能让人生更加美好。当你以同样的心态对待所有在生命中邂逅的人，一定也能对他们产生影响。让这个世界多一个拥有广阔世界观的人，就是你对世界的最大贡献。

 避免陈词滥调，想要打动人心，你的表达必须让人耳目一新。

为何忠告变中伤？
因为没有以"爱"为出发点

俗话说："良药苦口利于病，忠言逆耳利于行。"

有时候，真心的忠告确实听起来逆耳，说吧，于心不忍，因为可能会让对方难堪；不说吧，心有不甘，因为总想为对方着想。遇到这种情况，到底该不该说呢？确实让人难以抉择啊！

这时候请你扪心自问：**你想说的忠告，真的是百分之百地为对方着想吗？**还是只为了表达你内心的不悦？

如果是后者，你却跟对方说是为了他好，那你跟欺压下属的黑心老板没什么区别。

那么，我们该如何判断自己提出的忠告是不是真的为对方着想呢?

其实标准很简单,不管是哪种忠告,只要是以"爱"为出发点,就没有问题。

我会问自己:**"如果他的父母在场,你敢说出这个忠告吗?"**如果我认为即使对方父母在场,我也敢说,那就表示这个忠告的确是以爱为出发点。如果我觉得在父母面前把他们的孩子说成那样,好像不太好,那就表示这个忠告并非以爱为出发点,这时候最好闭口不谈。

以"如果对方父母在场,我敢说吗?"为标准,判断是否该说出忠告。

为何对方不表示赞同?
魔法话术是善用动词

"营养补给!"

"请吃吧!"

你觉得哪一句话更能打动人心?

说话高手其实都是"动词达人"。

第一句"营养补给"是名词,这时候你的脑海会浮现这样的想法:"营养补给,是补充营养的意思吗?这句话是想说明什么?"第二句"请吃吧"中的"吃"则是动词,而**动词会刺激大脑中掌管行动与感情的区域,促使人产生共鸣,采取行动**。

其实,有一个更能打动人心的技巧,那就是省略动词的主语。举例来说,当别人说"今天把减肥的事放一边,痛痛快快大吃一顿"时,你也会不由自主地想要大快朵颐。因为缺少主语,当你在脑海中重复这句话时,大脑会以为是你自己在说话。

"一起动起来!"这句话也具有相同的逻辑。当你想鼓励某人有所行动时,就可以使用这句话。其中的关键就在于省略主语。

我再介绍一个善用动词的例句:**"好,去京都吧!"**

这是日本东海旅客铁道公司宣传京都的广告标语。看到这句话的第一眼,我大受冲击,然后深受感动,心里暗自赞叹:"多么棒的一句话啊!"

如果将其改成"要不要去京都呢?"听的人可能会犹豫不决,心想:"京都很棒啊!但最近连附近的地方都没去呢……"

"好,去京都吧!"这句话是给大家的直接建议,**直接刺激大脑,引发行动,而且会造成同化效果**。

在你理解动词的魔法力量后,就可以将其运用于各种场合。你将发现,别人不是跟随你的"话语"行动,而是跟随其中的"意志"行动。

想赢得对方认同,要善于运用动词。

谁说管理者必须要声色俱厉？
球型组织让你暖起来

随着时代的发展，人们的价值观也悄然发生改变，如果你没有及时察觉到这些变化，就会生出"之前明明运行很顺畅，现在却行不通"的感叹。

我想请教各位一个问题：什么样的企业组织结构能够在现代社会运行顺畅呢？

在过去经济高速增长的年代，金字塔型的组织结构的确可以顺利运行，但以现在的标准来衡量，这种重视上下级关系，由上层管控下层的组织结构已经失效，也与时代趋势脱节了。

那么，符合现代潮流且成功有效的组织结构到底是何种样貌呢？我认为，**相较于上下关系严明的纵向结构，注重平行关系的横向结构会逐渐抬头；相较于重视业绩和地位的积极者，**

好恶分明且具人情味的温暖者更有感动人心的力量。

我曾听人说:"球型组织是个有趣的组织结构。"简单来说,球型组织是一种根据工作性质来转动运作,让最合适的人成为领导者的组织。比如要举办活动时,组织会进行调整,让擅长组织和调解的人成为该活动的领导者。每换一次工作目标,领导者也会随之变换,形成一个多面体组织。

在灵活多变的球型组织中,大家的发言内容自然会以尊重对方为出发点。

好的组织如同变形虫,能随时调整成员的责任分配。相较于僵硬森严、无法变通的组织结构,灵活多变的组织结构更能适应瞬息万变的现代社会。

要想让工作如庆典般充满欢乐与热情,我们就要试着建立这种美好的组织形态。

依据工作性质和内容,
让擅长该领域的人成为领导者。

谁说老板奖励员工非要给钱？
精神赞美更能激发动力

我有位朋友是企业咨询顾问，他告诉我："上次的咨询案子用时五十分钟，收费一百万日元。"

我听了大吃一惊，问道："咨询对象是谁啊？他咨询了什么？"

朋友回答："这位老板正为员工屡教不改的问题而烦恼。"

我再问："那么，你给了什么样的建议呢？"

朋友说："我告诉他，一定要称赞员工。"

我听了忍不住说："只给了这句建议，就赚一百万日元？"

事情当然没有这么简单，咨询顾问也不可能只给一句建议。事实上，朋友给出了如下建议：

"我告诉他,老板就算不夸奖能力强、人望好的员工,别人也会称赞他。**那些没有得到他人赞美的员工才是真正需要激励的对象**。请您多多称赞这些员工,真诚地对他们说:'今天公司有你在,真好。'从现在起,请试着从日常琐事开始称赞他们。"

据说这位老板对于朋友的建议相当赞许。

其实,这位老板的心里原本充满了怒火,他觉得,薪水是我付的,他们当然要认真工作,也要听我的话。员工付出比薪资所得更多的劳动,本来就是理所当然的!

而在我朋友的建议下,这位老板深刻反省,彻底转变了对员工的态度。当他对员工的态度有所改善后,自然会从中获得更多的利益。

称赞源于关心,**如果你对一个人漠不关心,就根本说不出任何赞美他的话**。

特蕾莎修女说:"爱的反面不是恨,而是漠不关心。"有关心之情,才是爱的表现。因此,有时候一句关心的话语,便能点亮一个人的心灵。

"啊,你剪头发了!"

"昨天的领带也很好看,但我更喜欢今天的款式。"

"上次派对结束后,你还帮忙收拾了呢!"

只要让对方知道你一直在关心他,一切就会开始改变。这一招也非常适用于职场。

"上一次的活动非常成功吧?"

"啊,是的。"

"那真是太棒了!谢谢你。"

如今这个时代,经济快速发展,生活水平不断提高,人们在追求物质生活的同时,更加注重精神的满足,可以说,现在是一个人人都在追求自我肯定感的时代。

对话内容只要能传达出"我一直在关注你"的感觉,对方的自我肯定意识就会得到提升,精神就会得到满足。

古语说:"己欲立而立人,己欲达而达人。"领导要想获得成功,最好的办法就是满足员工的自尊心,肯定员工的价值。所以说,当今时代的领导者不需要权倾天下,也不必是天才或万事通,但必须是一位有同理心的人。

想要打动人心,就要养成关心和赞美对方的习惯。

如何用一句话感动人？
"梦想＋公共利益＝志向"这公式好用

在日本，出生和成长于昭和时期（公元1926年至1989年初）的人，被称为"物质一代"。那时经济蓬勃发展，每天都有新事物诞生，随时都有新体验面世。如果你问他们这代人："你应该对车子很感兴趣吧？"他们总是心照不宣地笑着答道："还好啦，没什么兴趣！"

在之后的平成时期（公元1989年至2019年）出生和成长的人，则多属于"利他一代"。他们对于物质不感兴趣，相较于逛街购物，他们可能对帮助别人、担任义工更感兴趣。

更久以前，"物质一代"的上一代又是什么情况呢？

我的父母、爷爷和奶奶等长辈生活在求生存的时代。这些长辈总爱对"物质一代"的人说："我年轻的时候只能吃地瓜，觉得光是白米饭就很美味。"后者听了以后也大多只是皱皱眉头，勉强附和一下。

可是，就像"物质一代"深受"利他一代"的影响一样，我的双亲那代人也深受"物质一代"的影响。

这个话题暂时搁置一旁。现在我们试想一下，如果现在**有个比"利他一代"的精神层次更高的群体出现，他们应该也会对大多数人造成影响吧**？我认为这个更高层次的群体所追求的应该是**社会贡献**。

或许有人会疑惑地问："到底要做什么才称得上是社会贡献呢？"

我认为答案不是你要做什么，而是要发掘自己正在努力的事业可以转化为何种形式的社会贡献，并且表达出来。

你可以扪心自问：

"当我达成目标时，能带给社会什么样的正面影响呢？"

"我现在付出的努力将成为谁的助力呢？"

当你为梦想注入公众利益的要素时，梦想就升华为志向，换句话说，"梦想＋公众利益＝志向"。

在众人追求"尽一己之力"的时代，只要你高举志向的旗帜，就能号召许多志同道合之士。

"我想通过自己的努力，让大家知道女性也能做到这些事，我想将这份勇气传递给所有女性。"

"我希望大家知道，每个人都能过有意义的人生，不受年龄、学历限制。"

"我想告诉大家，不要看轻自己，只要能帮到某个人，也算是做了一件大事。"

你的志向将改变这个世界，这种现象称为"蝴蝶效应"。

 目标达成的另一个意义，就是社会贡献！

如何与话不投机或讨厌的人相处?
"闪避"懂吧!

生活或工作中,我们难免会遇到难以相处或令人讨厌的人。遇到这种情况,我们应该怎样应对呢?

我会逃到那个人无法触及的地方,**因为避其锋芒就是胜利**。

但是请小心,当你想完全避开某个人时,有时反而会因为刻意躲避而过度关注对方,结果深陷其中,完全脱不了身。

我再强调一次,避其锋芒就是胜利。当你遇到话不投机或令人讨厌的人时,请提高警觉,既不要公开争论,也不要私下抱怨或在背后说人闲话,因为这些话会被其他人口口相传。一旦被对方听到,对方就会对你产生不满,甚至会导致你们发生肢体冲突,这时你们的关系便会陷入冤冤相报的恶性循环。

因此,管好自己嘴的同时,绝对不要出手,不要让你的双手染上污秽。如果对方真的十恶不赦,就让世人或上天去制裁他。如果制裁迟迟没有出现,就当作是一次误判。

与其和老是惹你生气的人打交道,不如结交更多善良直爽的朋友。

如果听到让你不悦的话,就对自己说:"不要拿别人的错误跟自己过不去,我的人生我掌控。"把眼光放在未来,为创造美好的未来而努力,让自己神采奕奕地迎接未来。

 你不需要扮演成正义的使者来纠正对方的错误。

第 2 章

令人怦然心动的超温暖说话术

第 2 章的主题为令人怦然心动的超温暖说话术。面对初次见面、年龄不同的对象，你该站在什么立场、以哪些话题开启谈话？还有，你该如何与对方建立信赖关系？本章将传授你建立美好人际关系的说话术。

与不同类型的人交谈时

当你想以交友为目的找人攀谈时，请先思考以下几个问题：对方是男是女？年纪比自己大还是小？

与人交谈时，如果你能因对象不同而采用不同的说话方式，那么就可以轻松地与对方交流，并建立情谊。

■ 对方是异性

请记住"男性脑"与"女性脑"是截然不同的。

假设某位女孩找男生谈心事，男生听后，内心涌现"我一定要帮她解决烦恼"的想法，于是开始认真提出各种解决对策，并告诉她："你要这么做，还应该……"

可让男生没想到的是，其实女生找他谈心并非是为了解决烦恼。她需要的不是解决方案，而是希望有人倾听自己的心声。

如果抓不到问题的核心，只顾着自说自话，最后女孩可能会说："你别再说了，闭嘴听我讲就行了。"

与女性交谈时，别忘了她们的想法是"我不需要答案，而是需要你的认同"。

相反，女生在与男生相处时，要把他当成五岁孩童来看待。即使对方已经人到中年，当他做了一件自以为了不起的事时，你一定要直接明了地称赞："真厉害！做得很好！"这时候，虽然他嘴上说："没什么啦！"但内心却已经乐开了花！因为男人内心深处永远住着一个小孩，非常单纯。

■ 对方年纪比自己大

假设聊天对象是一位自尊心很强的长辈，你该怎么办呢？

在这种情况下，我经常**把自己定位成干练的秘书，去和对方交谈**。

举例来说，当你想给对方建议时，若直接说："我觉得这么做很不错，您觉得如何？"肯定会伤到他的自尊心。

这时候，你最好化身为一位干练的秘书，以谦卑的口吻对他说：**"你可能不需要我帮忙，但如果需要的话，请尽管开口。如果能帮上忙，我会觉得很荣幸。"**

"是吗？那你能帮我什么？"

"比如说，可以这样处理，或是那样处理。"

"哇,不错嘛。"

"是吗?**如果两个方案都可以的话,能否先试试第一个方案呢?**我觉得这么做会比较顺手。"

"好,那就请你帮忙了。你真的非常能干呢!"

如果你能像上面那样展开交谈,就会让对方更容易接受你的建议。

■ 对方年纪比你小

假如聊天对象比你年轻,最常见的失败沟通方式就是先问对方的年纪,然后说:"哇,年纪好小。"

如果你这么说,马上就被对方驱逐出局,他会觉得:"你是在嫌我幼稚吧。"各位年轻时,应该也有过类似的经历,只是没想到随着年纪增长,自己竟然也做了如此讨厌的事。

请务必把对方当成独立个体看待,并予以尊重。你可以对他说:"你今年十八岁啊!**现在在学校专攻哪个科目?你心中最看重的东西是什么?**"这么一来,对方就会觉得:"跟这个人相处不仅有趣,而且还能获得不少见识呢!"

与人交谈时,要根据对方的性别和年纪来转换说话方式。

跟比自己优秀的人交流，
你不需要恐惧，而要展现学习精神

这个世上有许多优秀的人才，但我们总是摸不清比自己优秀的人在想些什么。

如果对方的知识或经验比自己少，我们马上就能了解对方的世界观、价值观，甚至人生经历。可是，面对比自己优秀的人，即使彼此只有些微差距，我们的大脑也会将对方判定为"未知物种"，于是观察能力完全失效，内心容易充满恐惧。

但是，和比自己优秀的人相处，正是自我学习与成长的好机会。因为你会用尽全力，费尽心思，只为在对方心里留下好印象。缺少这种学习心态的人，在别人眼里只是井底之蛙。如果一个人缺乏上进心、好奇心以及尊重人的态度，对方就会认为这个人也不过如此，从而不屑于与他打交道。

所以，想与比自己优秀的人建立情谊，积极的态度是必不可少的。

优秀的人总是在不经意间通过谈话测试对方的能力。虽然有时候交谈的内容仅仅是客套的场面话，但实际却是一场人际关系的面试。优秀的人仅从你听不听得懂他话中的词汇，就能判断出你的知识水平。你虽然可以不懂装懂，但眼神却会游移不定，不敢正视对方，这样便会自曝其短，所以装懂根本没用。

当你听到不懂的内容或词汇时，就是对方考察你的时机。此时，你的态度很重要，因为对方从你对未知事物采取的态度，便能看出你的好奇心、求知欲以及面对未知的适应能力。

面对这种情况，我给你的建议是，别不懂装懂，而要不懂就问。而且，你还可以反客为主，主动提问，展现自己的好奇心，因为好奇心能弥补我们的弱点。

"我现在是××岁，您在我现在的年纪，都做些什么事呢？"

"如果您乘坐时空穿梭机，遇到跟我同龄的您，您会给他什么样的建议呢？"

各位不妨以这样的方式进行提问，对方应该愿意与你分享他的人生经验。有时候，他会从年代久远的故事开始说起，最后才提出建议，此时你要集中精神，认真倾听，最好将内容记录下来。

或者，你可以把自己想象成一位传记作家，正在采访主人公，聆听他波澜壮阔的人生故事。当你为他的快乐和成就而开心，为他的悲伤和苦难而难过时，他的故事和经验便会化为一股强大的力量注入你的体内。

此外，他的故事和经验也会丰富你的聊天话题。参加聚会时，你可以借花献佛，与大家分享自己的收获："我前几天遇到了××先生，这些是他告诉我的……"自然会引来大家羡慕的目光。

赠人玫瑰，手有余香。**主动向优秀的人学习经验，并将这些经验分享给身边更多的人**，让这股能量延续至下一个时代。

优秀的人会通过闲谈中的点点滴滴来评定对方。

与初次见面的人交流，最有效的方法就是"抽鬼牌"

大家都玩过"抽鬼牌"的游戏吧！

每个玩家都分到一摞牌，然后以顺时针或逆时针的方向，每个人从自己旁边的玩家抽一张牌。如果抽到的牌和自己手中的牌能组成一对，就丢入牌堆里。

我觉得与初次见面的人交谈，和"抽鬼牌"十分相似。

由于是初次见面，我们完全不晓得对方手上有哪些牌，只能通过交谈来了解和确认。

这时，最好的做法是先发制人，先通过提问让对方亮出一张牌。如果你刚好拥有和对方相同的牌，便能够以此为话题，让交谈更加深入。

如果我们单从这个过程来看，**融洽沟通的诀窍就像是"抽鬼牌"**。

有一次，通过朋友介绍，我有幸和一位知名演讲家相识。当时，我就是采用"抽鬼牌"的方法与他交谈的。

首先，我主动拿出彼此共通的牌来问他：

"您也来自三重县，对吧？"

得到肯定的回答后，我接着问道：

"请问您就读于哪一所高中呢？"

随后，我通过提问继续出牌：**"如果是那所高中，××应该跟你是同一届，搞不好你认识他？"**

但是很可惜，这张牌没有对上。

这时，对方也开始出牌了。

他问我："拓巳先生就读于哪所高中呢？"

我回答："××高中。"

他惊讶地问："咦？那你是几几年出生的呢？"

"××年四月出生。"

"天啊！那你应该跟我哥是同一届！"

"咦！难道你是××同学的弟弟？"

如您所见,这次的两张牌完全契合,我们之间的关系也因此变得更加亲密。

把**家乡、日常运动、职业、兴趣、想法、品味、共同的朋友**等话题视作你所拥有的牌,然后通过提问寻找与对方相同的牌。这种"抽鬼牌"的交流方法,确实是拉近彼此距离的捷径。

 试着与初次见面的对象玩"抽鬼牌"吧!

众人聚会时,用"介绍他人"的游戏加深彼此感情

某天,我参加了一场交友聚会,约好共有十个人。不过,刚开始只到了七个人,由于时间不早了,主持人便提议:"要不我们先相互认识一下吧!"于是,大家开始一个个自我介绍。

"我今年二十岁,是一名护理师……"
"哪个科室呢?"
"我在私立医院上班,什么事都要做。"
"你们医院有几张病床?"
"大约三十张。"
"你有什么爱好?"

"我最喜欢打篮球。"

这时,有个迟到的人出现了。

"又来了一个朋友,让我们再次举杯吧!"主持人提议道。

当时,虽然大家已经初步认识,但还不是十分了解。于是,我突然灵机一动提议道:"我们是不是可以'介绍他人'?也就是先让一个人自我介绍,再由现场的其他人介绍他。"

"那么,就请您先做个示范,**介绍一下身边的这位小姐吧**。"我刚提出这个点子,主持人便给我一个难题。这真是"作茧自缚"啊!

"嗯,她是一位护理师,今年刚好二十岁……还有什么呢?"

虽然是我提出了这个点子,但我却从未有过介绍别人的经验。我脑袋里一片空白,什么都记不得了。

其实,在进行自我介绍时,这种充耳不闻的现象经常发生。因为大家只想着自己要说的内容,等自己说完,便觉得如释重负,至于别人说的什么,能听进去一半就不错了。

就在我不知该怎么办时,救星出现了。有人开口补充说:

"她是私立医院的护理师,医院有三十张病床吧?"

"还有,她喜欢打篮球。" 另一个人补充道。

然后,大家就像打开了话匣子一样,你一言,我一语,相互介绍着对方。

之后，在下一个迟到者出现时，大家又开始了新一轮的"介绍他人"，就像在玩抢答游戏一样，当天晚上的气氛十分活跃。

可想而知，等到最后一个迟到者出现时，大家都已经十分熟悉，并可以详细地介绍他人了。当晚的聚会气氛之热烈，想必我已无须在此赘述。

我认为介绍他人也是一种爱的表现，换句话说，**对某个人感兴趣就是爱的表现**。而如果你想与某人建立关系，就表示你对他感兴趣。

说句题外话，我认识一位优秀的医生，他会将自己与患者聊天时获得的信息，譬如患者孙子的名字，记录在该患者的病历表上。当他再次见到这位患者时，就会问：**"奶奶，您的孙子××就要念小学了吧？"**我认为这样的关心才是最佳的治疗。

就像那位医生那样，我认为在每次见面后，把谈话中获得的对方信息记录下来，是非常好的习惯。**比如"喜欢狗""家有三兄弟""喜欢打网球""父亲经营日本料理店"**等信息，你都可以随手记录在手机中，等有空的时候再做整理。

如果能养成这种良好的习惯，将对你的未来大有裨益。

让对方感受到你的关注和关心，是与之建立情谊的捷径。

每个人最感兴趣的永远是自己

我在上一节提到，对某人感兴趣就是爱的表现。

如果你对某人感兴趣，自然会想了解对方的兴趣，并将兴趣作为彼此沟通的桥梁。那么你知道对方最感兴趣的事物到底是什么吗？

兴趣爱好因人而异，比如钓鱼、编织、烹饪、追星、运动、旅行、政治、商业等。不过，在这么多的兴趣爱好当中，**人们最感兴趣的只有一个，那就是"自己"**。

我们看团体照时，总是会先找自己，很少有人会先找别人，因为每个人都对自己最感兴趣。

而对自己而言，**最具代表性的当然是自己的名字**。因此在与人沟通时，首要之务就是记住对方的名字。我在与人交谈时，就经常从名字切入话题，比如：

"请问尊姓大名?"

"你的姓很罕见,请问该怎么写呢?"

"好可爱的名字,念起来琅琅上口!"

"谁帮你取的名字?"

"令尊给你取的名字真有内涵,他的知识很渊博吧?"

我曾经请教过教我记忆术的老师,问他最难记住的东西是什么。很不巧,答案竟然是名字。但正因为难记,才更有记忆的价值。

我过去也常常忘记别人的名字,总是尴尬地问道:"不好意思,老是问您的名字,请问您是?"

后来这位教记忆术的老师传授我一个小窍门:交谈时要尽可能多地提起对方的名字,这样就会加深印象,并轻松记住了。

除此之外,我还有个常用的方法:**我会将见过面的人的相关信息,记录在电子邮箱联络人的姓名栏或记事栏内**。比如,在名字旁边注明"模特、大阪人、××先生的朋友",或"水产业、社长、东京人、住在广尾"等信息。如果忘记名字,以"模特""广尾"等关键词搜寻,就能找到相关信息。

想与对方建立情谊,首先要记住他的名字。

想瞬间拉近彼此距离，最有效的两句话是……

如果你想与对方建立情谊，除了记住对方的名字之外，还需要记住什么呢？试想一下，你在遇见什么样的人时才会敞开心扉呢？

日本知名经营咨询顾问船井幸雄老师会问初次见面的人两个问题：

"您的双亲是怎样的人？"
"您的家乡是个什么样的地方？"

对于第一个问题，如果对方回答："家父是……的人，而家母是……的人。"船井幸雄老师便会顺着话锋回应："**真是**

一个幸福美满的家庭！"

对于第二个问题，如果对方回答："我的家乡景色美，美食多，而且四季分明。"船井幸雄老师一定会称赞道："**你拥有如此优秀的双亲，又在这么棒的地方出生，一定非常受上天眷顾**。祝福你能早日完成自己的人生使命。"

赞美对方的父母和家乡是非常高明的聊天技巧。因为对方听到这些赞美后，就会产生回馈的心理，努力让自己成为你口中的理想人物。

如果说血统和语言是组成国家的最基本元素，那么**生养自己的父母和家乡就是塑造一个人的最基本元素**。因此，当某人认可并称赞你的父母和家乡时，你便会很容易与对方建立深厚的信赖关系。

这两个问题的最初发明者是日本明治维新的精神领袖及理论奠基者吉田松阴，而船井幸雄老师知道后，便将这两个问题当作自己的法宝。我们也试着从这两个问题开始，跟更多的人建立情谊吧。

赞美对方的双亲和家乡，是与之建立情谊的有效方式。

搜集各地的趣闻轶事，让你成为社交场合的主角

如果想尽快与初次见面的人拉近关系，应该采取哪种交谈方式呢？简单来说，就是**先向对方提问，再根据对方的回答做出恰当的回应，让对方觉得你是一个能够理解他的人，这样就能拉近彼此关系**。

我在上一节提到，船井幸雄老师会问初次见面的人关于家乡的问题。其实我也常用这一招。

我是三重县人，现在住在东京。因为东京聚集了来自各地的人，许多时候只要问陌生人来自哪里，就能立刻拉近彼此的距离。

"您是哪里人？"

"我是长野县人。"

"您会唱《信浓之国》这首歌吗?"

"会啊!"

"您可以唱到第几段?"

"如果有歌词的话,我可以唱完整首。"

可能有人会惊讶地想:"你怎么会知道这些事?"因为《信浓之国》是长野县的县歌,每个长野县的人都会唱,这就是所谓的**地方风俗**。

这种地方风俗还有很多,比如:群马县的人都会玩扑克,北九州市的人酒后都要吃萩饼,而冲绳人酒后爱吃牛排;北海道的人将炸鸡叫作ZANGI,但严格来说,ZANGI跟炸鸡的做法完全不同;大分县中津区的炸鸡是以千克为单位贩卖;许多关西人的提包里都装有糖果,而且关西人都将糖果昵称为"小糖球",连看似严肃的大叔也会如此称呼(日本人一般把糖果称为"飴",而关西人则把糖果称为"飴ちゃん"。"ちゃん"在日文中表示亲昵,一般用来称呼可爱的小孩子。)。

接下来,再与大家分享一些我所知道的日本地方风俗。

- 据说是寿司师傅将作为钓饵的白虾用盐水洗净，做成寿司，这才有了今日富山白虾寿司的问世。

- 江户前寿司三大主力是煮文蛤、腌鱼、小鳍，一定要品尝这三种寿司，才算吃到地道的江户前寿司。而且江户县的居民称这三道菜为"日式快餐"。

- 最近三重县和静冈县的河豚品质很不错。

- 高知县的名吃稻草盐烤鲣鱼众人皆知，但一般人不知道的是，高知女孩的酒量一般都很好。

- 高松市的人吃赞岐乌龙面是用吞的。

- 博多拉面不同于久留米拉面和小仓拉面，口味偏淡。而且，博多其实是乌龙面的发祥地。

- 北九州市是炒乌龙面的发祥地，而内脏炒乌龙面的发祥地则是冈山。德岛市和宫崎市的乌龙面堪称绝品。

- 饺子以宇都宫市最有名，而滨松市和京都市的饺子也不错。

- 鳗鱼以滨松市为佳，而三重县津市的鳗鱼也很好，让人回味无穷。

- 伊势神宫的正式名称为"神宫"。名古屋市的人相信，日本家家户户的冰箱里都有腌味噌。

啊,说了这么多!我好像有点得意忘形了。如果各位发现有不准确的地方,请见谅哦。

除了地方风俗之外,职场趣谈也是不错的聊天话题。还有血型、星座、占卜等话题,都有助于炒热气氛。

"男生若是B型血、水瓶座,再加上动物占卜的结果是天马,又出生于鹿儿岛……"

如果你能说出上面这样的话,想不成为众人瞩目的主角都难。

地方风俗等话题有助于炒热气氛,拉近彼此关系。

切记！说话只出七分力，目的是让对方意犹未尽

以前，我因工作关系而多次造访韩国，因此结识了很多韩国朋友。那时，一位韩国朋友曾告诉我一条永生难忘的人生建议。

这位朋友是在美国出生的韩国人，他的爷爷创办了一家规模庞大的企业。当他爷爷在夏威夷养病时，他跟随在爷爷身边学习。后来，他的爷爷过世，他就回到韩国，准备继承爷爷的事业。我们的谈话就发生在那个时候。

那位朋友对我说："我因为年轻，需要去东南亚的公司累积资历，以后我们恐怕没什么机会见面了。"当时还没有网络，联系十分不便。我感到非常不舍，很后悔自己没有多向他请教。

"什么！怎么会这样？真是遗憾！我还想从您身上学到

更多东西呢！"我满是不舍地说。

他笑着说："小拓，你是一位沟通高手，就算把你丢在丛林里，你也能闯出一番事业。"

最后，我请求他："请再指导我一次吧！"

于是他对我说出这样的建议："小拓啊！你做事总是百分之百投入，希望你以后能放松一些，**只要投入七八分力就够了**。"这个建议让我永生难忘。

他这句话的意思是：做事不要总是用尽全力。如果以打棒球为例，那就是不要总想当一个每次都能投出每小时 150 千米球速的投手，而是要学会以七八分的力气投球，**只要能够避免失误，保证投球的质量，那么你就成功了**。

此后，我认真践行这条建议，而且足足花了三年时间，才真正体会到这句话的含义。如今，我常对朋友说："不管做任何事，拿出七分心力是最理想的。下次演讲时，你就照我说的做做看。"

"你可能觉得只出七分力是'偷工减料'，但其实这才是最理想的情况。下一次的报告你就试着这么做做看，然后再告诉我你的感想，好吗？"

我试着将这条建议分享给大家，让大家来检验它是否正确。

以前，有位知名主厨曾这么说："假如有位米其林评审员（指《米其林指南》的美食评审员，其工作是对世界各地的餐厅进行评级。他们乔装成普通顾客四处暗访，借此观察餐厅最真实的一面，以保证评鉴的权威性。《米其林指南》是法国著名轮胎制造商米其林公司推出的美食杂志，被美食圈人士亲切地称为"美食界的红宝书"。）要来我的餐厅用餐，我的确会端出最完美的料理。但对我而言，这道料理不过是自己为了获得对方的认可而做出的刻意之作。为什么大家都说最美味的料理是妈妈做的家常菜呢？因为那是我们每天都会吃的味道。

"因此，我平常做出来的菜都只有七八分完美。如此一来，客人吃过以后，就会产生'如果再多加点盐会更美味'或'如果能搭配味道强烈一点的食材，应该会更完美'的想法，也就是**让客人在享用完餐点后，自己在大脑中调整出一道完美的料理**。这样一来，客人会因为这道想象中的完美料理而再次光顾。如果端出过于完美的料理，客人感到十分满足，之后就不会来了。"

与人沟通也是一样的道理。你不需要一下子把"底牌"全部翻开，而是要保留神秘感，让对方认为"这家伙应该还有其他招数"。**保留部分的神秘，让彼此都产生继续挖掘背后故事的念头，你们自然而然就会继续交流了。**

不要将底牌全掀开，要让对方有意犹未尽的感觉。

用积极正面的"教练式指导"问法，对方必会分享过往的美好经验

单方面教导的方法称为"教学式指导"（Teaching），而通过启发式提问，引导出对方内心答案的方法称为"教练式指导"（Coaching）。我认为，最好的交谈方式就如同教练式指导，即通过向对方提出积极而有深度的问题，引导出对方内心深处的想法，从而获得宝贵经验。

当面对一般问题时，我们经常会不假思索地回答，就像条件反射一样。由于没有经过思考，这些脱口而出的答案当然不是我们内心深处的想法。也就是说，一般性的提问根本无法触及我们的内心。**唯有来自灵魂深处的扪心自问，才能激发出自己的真知灼见。**

另外，当我们无法接纳自己的平凡时，常常会以消极的方式向自己发问："我为什么这么没用？""为什么老是这样？""到底是谁的错？"

每次思考这些问题，我们就会觉得心灰意冷。因此，为了打造光明的人生，我们应该避免思考这些消极问题，而要问自己或他人一些积极正面的问题。

如果将积极而有深度的问题加入对话当中，会是什么情况呢？我敢说，你将创造出一段能够让彼此互相学习和成长的美好时光。

举例来说，面对成功人士，你可以试着向他提出如下问题：**"是什么样的过往经验，让您取得今日的成就呢？"** 也许对方会谦让一番，但他一定会与你分享过去的美好经验。

这时，你再继续提问："当时您一定懂得了许多道理，请问您觉得其中最重要的道理是什么？"

"是啊，最重要的道理嘛……"对方会一边回想一边讲述，告诉你他的人生启示。

你继续问：**"您的人生中，什么时候最努力？在那段时间里，您又学习到了什么？"** 如此一来，你就能问出成就对方成功人生的基本经验。

相谈甚欢之后，对方自然也会告诉你足以撼动人心的箴言："那时候，我领悟到只有行动才能成功的道理。"

下面我列出几个积极而有深度的问题，供大家参考。

"如果没有任何阻碍,您想过什么样的人生?"

"您认为人生当中最重要的是什么?"

"人生最重要的十件事,您认为是什么?"

"现在什么事会让您感到焦虑不安?为什么?该如何消弭这种焦虑感呢?"

"如果要去旅行,您想去哪里?为什么呢?"

"如果您能改变生活中的某个部分,您希望改变什么?"

"您现在面临的挑战具有何种意义?您想取悦谁吗?为什么想取悦那个人?"

"您为何工作?为何如此卖命?为何而生?"

有深度的问题就像开启智慧宝库的钥匙,帮助你获取满满的正能量。而且,对方也能温故而知新,从自己的回答中再次获益。

积极而富有深度的提问能让彼此的交流更深入。

不想让对话停止？
你首先得抛弃自满

我在很年轻的时候，便获得了许多演讲的机会。那时少不更事，禁不住有些得意忘形。

我认为，**人要想不断成长，首先得抛弃自满的情绪**。我之所以会这么想，是因为曾经有过痛彻心扉的教训。

那天，我有一场演讲，于是准备跟着一位尊敬的前辈一起进场。这时，工作人员跑过来跟我们说："我帮您拿行李。"于是，我便把行李递给他。

当时，那位前辈的太太小声在前辈耳畔说："你要自己拿行李哦，不可以自认为是了不起的人。"

虽然我知道她不是在说我，但这句耳语犹如一记响亮的耳光，打得我满脸赤红，我的心也仿佛凝固成石膏，被羞愧之情击得粉碎。

"越是成熟的稻穗，头垂得越低。"

我虽然早已知道这句谚语，却始终没有明白其中的道理。从那以后，这句话就一直在我的脑海里不断回荡。

我们一直以成为了不起的人为目标，不断地努力。然而，一旦自以为已经很了不起，我们就会停止成长，裹足不前。

绝对不要太自负。

"分担痛楚"才能建立真正的信赖关系

我曾经有幸观摩一位知名演技指导老师为某位好莱坞女演员的演技进行指点的课程。

舞台上的女演员听到"Action"的口令,就开始表演,而她在一旁指导。

"好,停!你认为这部电影的主题是什么?"

"这是一部恋爱罗曼史。"

"罗曼史?这部电影的主题是一个人的成长过程。内容描述的是一位自认为不值得被人爱的女性终于找到自我价值的冒险故事。那么,你认为刚刚那一幕的主题是什么?"

"他爱她,可是她不爱他……"

"不对!他们两人彼此相爱。可是,她认为自己不值得被人爱。你在年幼时期,是否曾有过自己不值得被人爱的想法呢?"

"有,我有过这样的想法。那个人是我的母亲。她很忙,没办法照顾我……我现在才知道,单亲妈妈实在不好当……"

"好!现在就把他想成是你的母亲,向他表达你的心意!找回自己那个时候的心境。"

"妈妈,我只是希望你陪在我身边(大哭)。妈妈,我希望你看着我,关心我!"

"好!开拍!"

当演员的情绪进入状态时,拍摄正式开始。这时,她的演技得到了淋漓尽致的发挥,而呈现在指导老师眼前的景象也与刚才完全不同。

这位女演员从自己过去的经验中寻找出与之相似的情绪,然后将这种情绪抽离出来,投入当下的演出。此刻,她将过去某个瞬间的自己,附身于现在的自己。

接下来要拍摄的是恋爱场景。

"停!没有人会喜欢看这么做作、刻意的表演,你需要放松一些,自然一点!观众想要看的是人物内心深处的秘密!"

指导老师让男女演员静下心来,感受对方心中的痛苦。

于是,两位演员四目相望,感受彼此内心的痛苦,不通过言语，而是依靠眼神交流。

"我内心的痛楚……无法对别人说出口的痛楚，你应该会懂。"

"我会分担你的痛苦，不会逃避。即使全世界都不理解你，我也会是唯一懂你的人。"

那一刻，我完全懂了。所谓的爱情不是性欲，也不是罗曼史，而是要感受和分享彼此的情愫。这样双方才能建立深厚的信赖关系。

当身边的朋友面临问题的时候，我们首先要做的不是想办法去解决问题，而是要**分担及感受当事人内心的痛楚。这份同理心才是对方最需要的。**

那么，怎样才算是充满爱意的沟通方式呢？我认为关键不是说话方式，而是说话态度。只要把慈悲时刻放在心间，就能用话语传递浓浓爱意，疗愈他人。

想要落实这份体悟，需要经历一段漫长的历程。但我相信，这会是一段美好的心灵之旅。

同理心是建立信赖关系的基础。

第3章 营造气氛、引导对方开口的说话术

第3章的主题为引导对方开口的说话术。

在开始交谈的那一刻,就要立刻营造现场气氛,让听者完全投入其中。本章将传授这个魔法话术的技巧。

绘画要从临摹开始,说话也是一样

那个人只要一进来,房间里的气氛就活跃起来。

那个人只要一开口,一段精彩的故事就开始了。

这样的人浑身散发着独特的魅力,时间也仿佛一下子慢了下来。他说出的话就像一首诗歌,时而温暖,时而振奋。总之,这样的人能营造出独特的现场气氛。

想要成为这样的人,就要分析、模仿他们的言谈举止。首先要复制他们的话语,接着模仿他们遣词用句的方式和说话流程。也可以参加研习班,将课程内容录制下来或抄写笔记,回家后再听一次录音或看笔记复习。

那么,该以怎样的流程展开对话呢?我教你一种方法:选择一位或几位你比较心仪的说话高手,认真聆听和观察他们的聊天过程，试着勾勒出他们的"对话设计图"：

"首先拉家常、聊近况。第一段闲聊、第二段闲聊……"

"闲聊结束后，先掌控现场气氛，再进入主题。"

"然后利用故事衔接主题，再从内容衍生出其他话题。"

"最后又回归主题。"

从剑道的"守、破、离"三阶段来看，首先要彻底做到"守"。

古人说："学，效也。"学，就是效法，就是模仿。我曾听人说过，想当作家的人，要从模仿心仪作家的文章开始学习写作。我也认为，直接模仿是学习的捷径，就像学习绘画或书法，都要从临摹他人的作品开始。因为在不断模仿的过程中，学习者就会逐渐掌握其中的深意。

在试着模仿高手的说法方式与朋友交谈后，你可能会发现，你说的话既不令人感动，也不令人振奋，而且还缺乏幽默风趣。这是为什么呢？

这是因为你没有彻底做到"守"，也就是模仿得不到位。如果不按照高手的说话顺序去说，如果不模仿他的说话口吻，即使你和他说出一样的话，也无法俘获人心。

模仿高手的遣词用句、说话流程，以及营造气氛的方法。

运用镜像效应，
由眼神散发出笑容

俗谚说："眉目传情胜于口。"**眼睛是心灵的窗口，一个人的喜怒哀乐、精神状态都能通过眼睛传达出来。**

有一次，一位我十分敬重的前辈要跟某位领导人见面，出发前他问我："阿拓，你看我的**眼睛是否炯炯有神，闪闪发亮？**"

我那时刚满二十一岁，第一次发现了眼神的重要性。从此以后，我时刻提醒自己要保持双眼明亮有神。

当时，这位前辈还伸手抚平了我眉间的直纹，并对我说：**"阿拓，不要再皱眉头了！"**

那时的我深信辛苦工作、努力不懈才是正确的心态，如果没有觉得辛苦，就意味着偷懒。因此我总是双眉紧皱，装出一副老气横秋的样子。经过前辈这么一说，我才意识到自己的想法有失偏颇。

许多人都说笑容很重要，但如果眼神中没有笑意，根本称不上是笑容。只有连**眼睛都笑了，笑容的力量才会传达给别人**。很久以后我才知道，这么做是基于"镜像效应"（Mirror Effect，美国心理学家库利认为，别人对自己的态度犹如一面镜子，能照出自己的形象，因此人们会通过观察别人对自己行为的反应而形成自我概念。这种现象称为镜像效应。）的心理学理论。说话高手虽然不一定明白这个理论，却自然而然地将其运用在说话中。

当眼睛开始笑了，手势也会跟着改变。而肢体语言比单纯的话语能更清楚地将信息传达给对方。因此，我认为沟通的起点就在于眼神中的笑意。

当我们与人交谈时，绝对不要双手交叉抱在胸前，而应该舒展双眉，眼含笑意，敞开自己的身体与心灵，这样才能打动人心。

 你的眼睛笑了吗？

当你改变说话的声音，
传达的效果就会不同

我认为，说话的声音非常重要，甚至比说话内容还重要。

相声演员在表演时，常会改变自己的声音，以此来区分不同的角色。声音不仅能区别角色，还能表达自己的情绪。假如你用冷淡的声音说出"能认识你真好"这句话，就会给对方一种自己不受欢迎的感觉。

当然，声音还能表现出羞怯、质疑、兴奋等情绪。附加在声音中的情感，会传达字面之外的信息。

有的声音是从喉咙发出，有的声音是从胸腔发出，**只要改变发音的位置，传达的信息便会随之改变。调整气息和音量，就可以变化出各种声音。**此外，**改变声音的落点**，比如脸朝着左上方说话，或仰天说话，或以音量能传至对方后面三十厘米的方式说话，**也可以改变声音的特质**。

有干涩的声音、湿润的声音、让人起鸡皮疙瘩的声音、艳丽的声音、纤细的声音、粗暴的声音、白色的声音、红色的声音，也有自由的声音、不自由的声音、假日的声音、工作的声音、早晨的声音、夜晚的声音、哭泣的声音、微笑的声音。

试着改变自己的声音，就可以不断制造出新的声音特质。你喜欢的说话高手是以何种声音说话的呢？你能说出他说话时如何换气，以及如何停顿吗？如果不能的话，就仔细观察和分辨一下吧！

此外，在众多声音中，**有一种名为"泛音"的神奇音色**。当我们听到声音响起时，耳朵除了听到最响亮的声音（称为基音）外，还听到振动频率是基音频率整数倍的声音，这些声音称为泛音。如果说话时混入泛音，会让声音听起来更舒服。

许多歌手都擅于使用泛音来歌唱，比如日本著名歌手宇多田光小姐。这是因为**泛音确实具有疗愈的效果**，听起来绵远流长，仿佛能将听众带向远方。因此，我们在说话时，**不要只是单薄地发出声音，而要试着变换气息，将声音拉长**。

 说话时要关注自己的声音。

掌握"上半身说话法",使话语如歌声直达人心

我有着丰富的公共场合发言经验,因此面对众人讲话对我来说易如反掌,但如果要让我当众唱歌,那就不行了。

有一次,由于工作需要,我不得不当众唱歌。迫不得已,我便向一位职业歌手请教唱歌的技巧。

后来我发现,其中一些技巧对说话也很适用,因此我想在这里与各位分享一下。

■ 绝对不要一个人唱歌

当时老师给出的建议中,以下这句话让我印象深刻:

"不要一个人唱歌,要同时想着台下,跟听众'一起'唱歌。"

换句话说,就是把在场的听众和自己视为一体。

当你有了这样的意识,自然就会调整自己的行为。

■ **不是只用脸唱歌**

第二个让我印象深刻的建议是**"把横膈膜以上的部位都当成你的脸"**。

许多人想好好唱歌时,总会弯腰驼背,并且紧抓着麦克风。但是,一旦你把横膈膜以上的部位想成是脸,就会展现出专业歌手的风范。当你学会这个技巧后,传达给听众的情感强度也会截然不同。

我认为这两个技巧都可以运用在做简报或上课等当众讲话的场合。

像这样来自不同领域的说话技巧还有很多。只要我们保持好奇心,勤于思考,举一反三,就能将一些其他领域的技巧"嫁接"在说话领域。

讲话时记住两个重点:把自己和对方视为一体;横膈膜以上的部分都属于脸。

表情会影响对方心情，上扬嘴角来扭转说话气氛

在前文中，我提到眉目传情（参考62页）的话题。在这里，我想跟大家聊聊表情管理的话题。

曾有人对我说："阿拓，你长得好像金·凯瑞。"

没错，就是那位好莱坞明星金·凯瑞（Jim Carrey）！

我听到这句话，非常开心。想必大家都看过电影《变相怪杰》（*The Mask*）吧？这部电影对我造成的震撼非同小可。

男主角是一位懦弱的白领上班族，但戴上具有神奇魔力的面具后，竟变身为表情丰富的超能力者。电影中，每当千钧一发之际，就会传来一段轻快的旋律，接着男主角开始跳舞，然后其他人也深受感染，跟着他一起合唱。这时演员们的表情实在是太棒了。看着原本懦弱胆小的男主角大展身手，解决一个个难题，实在大快人心！

我曾经在遇到某个重大难关时，打电话给一位前辈诉苦。

当时这位前辈对我说："阿拓，你唱这首歌给我听！"甚至还哼了一段，"难关！难关！就是机会！机会！啦啦啦！"

"哎呀！前辈请您别闹了！"

但是前辈并没有就这样放过我，我只好对着电话唱起来。

神奇的是，当我开口唱歌后，心情变得豁然开朗，感觉未来一片光明！

请记住，**你的表情会影响听者的心情**，而听者的表情也会影响你的心情。你的表情会左右你的情绪，而你的情绪也会影响你的表情。因此，**请试着将嘴角上扬，只要做了这个动作，大脑就会分泌幸福的物质**。

当面对面无表情的人，请试着展现你的笑容，就算对方依旧面无表情，但你也能感受到对方内心深处的笑意。

 先下手为强！你要率先展现美好的表情！

常讲鬼故事，
能练习停顿的艺术

说话高手一开口，马上就能掳获听众的心。那么说话高手与笨嘴拙舌之人到底有何差别呢？其中一个明显的差别在于停顿的方法。仅靠这个简单微妙的方法，说话高手就能吸引听众的注意力。

那么我们该如何掌握停顿的方法呢？

其实很简单，因为在某个时候，大家都是深谙停顿之妙的说话高手。什么时候？就是你讲鬼故事的时候。

"那时候，总觉得我的手……好像碰到什么冷冰冰的东西……"

"到底是该往前走呢……还是转头回去好呢？"

"唧唧唧唧……刚、刚刚……好像听到……什么声音！"

讲鬼故事时，为了营造气氛，我们会自然而然地改变语调，并适时加入微妙的停顿。因此，只要把讲鬼故事的技巧，运用于平时对话中就行了。可以说，**让对话引人入胜的诀窍就是把谈话当作讲鬼故事**。

不过，停顿时间太短，没有效果；时间太长，又会让人不耐烦。也就是说，**停顿时间要保持适中**。若想拿捏到位，你可以找几位不同的对象，试着把相同的故事讲三四次，这样你就会找到最恰当的停顿时间。总之，**从错误中不断积累经验，就是找出适当停顿时间的最佳方法**。

 从讲鬼故事中学习交谈的停顿技巧。

活用拟声词，
让听众与你产生身临其境的共鸣

有些说话高手在讲述某件事时，会让听众产生一种身临其境的感觉。这是一种怎样的感觉呢？他们又是怎么做到的呢？下面我举个例子：

意大利卡布里岛有个知名景点"蓝洞"（Grotta Azzurra）。蓝洞入口狭窄，若想进入，必须换乘小船。每次涨潮和退潮时，蓝洞附近的波浪就会发出**"呼——呼——"的声音，宛若呼吸**。入口处也随着潮水的涨退时而变窄，时而敞开。

只有退潮时，小船才可以顺利进入隧道。乘客必须采取俯卧姿势，尽量把身体放低，怀着忐忑的心情，把一切都寄托于船长的驾船技巧。退潮了，小船顺势前进，**咻地一下就进入**

洞里。进到里面,眼前豁然开朗,洞里的空间非常宽敞,四周一片寂静。海水是祖母绿的颜色,**粼粼闪烁**。船长开始演唱组曲,霎时,悠扬的歌声在山洞中回荡。

"呼""宛若呼吸""咻地一下""粼粼闪烁"……各位仔细体会便会发现,以上这些**拟声词和比喻很有代入感,成为引发听众共鸣的关键点**。

想让对方感同身受,诀窍就是**引导他进入故事情景里**。把自己想象成一位现场记者,正在**将脑海中浮现的影像直播出去**;或者将自己当作一名导游,此时正牵起对方的手,带领他进入你脑中的世界。

 将脑海中的影像直播给对方。

你的所见所闻
都能成为聊天话题

　　某位哲人说："存在即合理。"眼前发生的一切,皆有其存在的意义。

　　一日,在朋友的怂恿下,我参加了一场酒会。出席者全是日本乒乓球界的重要人物。我很荣幸能与这些活跃在世界舞台的名人把酒言欢。

　　球迷们仰慕不已的乒乓球好手齐聚一堂,其中既有前途似锦的新锐,也有连我这个门外汉都耳熟能详的双打名将。

　　当时我就想："这样难得的酒会对我来说到底有什么意义呢?"

　　几天后,当与某人共进午餐时,我问他:"你在学生时代参加过什么社团？"

他回答："上大学以前，我一直参加乒乓球社。"

就这样，前几天的酒会经历终于派上了用场。那天中午我们聊得非常愉快。

我认为，当下所发生的事，全部都是对未来的预告。

今天学到的新词汇，一定会在几天内再次出现。

今天知道的新话题，一定会在某个时刻派上用场。

今天遇见的人，或许会在某天扮演丘比特的角色，以共同朋友的身份，让你与某人建立深厚关系。

请不要轻忽未知的或自己不敢兴趣的事情。因为它们会在将来的某个时刻帮助你开创美好的未来。

我们要在大脑中建立一座容纳新信息的资料库，并积极而广泛地收集各种信息。一旦你能将点状的信息连接成线，就会成为众人口中的万事通。而所有这些信息和逸闻，都会在某个时刻派上用场，成为你聊天的话题。

当下所发生的一切，都会在未来派上用场。

把日常生活中的点滴铭记下来，加点"料"就能成为有趣的话题

以前，有个叫《鹤瓶、上冈PAPEPOTV》的脱口秀节目，是由日本搞笑艺人笑福亭鹤瓶先生与上冈龙太郎先生共同主持的。

这个节目没有脚本，一个小时的节目都是两位主持人的即兴发挥，但内容却十分有趣。在节目中，两位主持人总是会将身边发生的趣事引入谈话中，并深入地进行分析。

看了节目后，我产生一个疑问："为什么两位主持人的身边常会发生这么多有趣的事情呢？"

有一天我终于找到了答案！并不是因为这两位主持人身边经常发生有趣的事，而是**他们能把身边不起眼的小事讲得**

饶有趣味。

其实，每个人身边都正在发生许多事情，现实生活就是由一连串的事件所组成的。因此，我们的身边从来不缺少值得讲述的事情，关键是如何才能将不起眼的身边事讲得娓娓动听，如何才能以与众不同的视角，幽默风趣地分析众人皆知的时事问题。

举一个我自己的经历：在听了某场健康讲座后，我决定每天多补充点水分。这对我而言可是件"沉重"的事，因为我平常会带许多东西出门，现在每天还要多带一个水壶，可以想象我的提包有多重。而且，我每天上厕所的次数也变多了，甚至每次上厕所的时间也变长了。每次上厕所，听着隔档的"邻居"换了又换，我也禁不住着急起来。

经过这么一描述，普通的日常小事也变得风趣起来，对吧？

请试着将日常琐事转换成聊天话题，并尽量讲得绘声绘色一点，相信你一定会乐在其中。其实你的身边到处都是话题。比如难以相处的上司、午餐时的排队大军、忘记拿出来晾干的衣物、昨晚煮糊的马铃薯炖肉、常在健身房遇见的大叔等，都可以成为聊天的话题。尤其在旅行途中，更容易发生各种趣闻，因为当置身于陌生的环境时，每件事对你而言都很新鲜。

"领取行李时，找不到自己的行李，好紧张……"
"跟朋友走散了，搞不好再也碰不到面……"
"一个偶然的机会，我来到朋友介绍过的餐厅……"

只要将心境转换为非日常模式，就可以将眼前发生的琐事转换为趣事，并当成聊天的话题。请尝试以非日常的心境模式度过每一天，如此一来，你会发现，生活处处都上演着妙趣横生的喜剧，而你就是那个万里挑一的"喜剧之王"。

 试着把身边的小事讲得饶有趣味！

第4章 一定要让对方说 YES 的说话术

第4章的主题是让对方说 YES 的说话术。

假如你是一位销售人员,为了说服顾客购买某件商品,你认为什么事最重要?应该采取哪种说话方式,才能让对方愿意花钱购物?还有,哪种说话方式绝对行不通呢?面对不同类型的人,应该分别采取什么应对方法呢?本章将全面讲解这些说服的技巧。

用"潜意识效应",把 NO 扭转为 YES

一幅四格漫画描述了这样的情景:女孩送给男孩一颗巨大的"爱心",结果男孩却想逃之夭夭。

我对这幅漫画的解读是,对于喜欢的人,如果过于频繁地表达爱意,反而会让对方不堪重负而心生逃避。

我年轻时,也曾深陷爱情,无法自拔,整天晕头转向。后来,一位前辈给了我一个建议:"我告诉你,那个女生有喜欢的人了。**你不要老是对她说'我喜欢你',告白过于频繁是行不通的**。你可以每隔三天给她写一张明信片,或者每周一次也行,关键在于坚持。"那个时候还没有电子邮件或社交软件等通讯工具。

前辈还说，明信片内容也不要很郑重，就写一些微不足道的日常琐事。比如**"今天天气很晴朗""我今天吃了西餐"，或是"我看的这本书很有趣""我想去新加坡玩""最近上映的电影哪一部最好看"**等等，就像朋友在闲聊一样。

前辈告诉我，当一个人持续寄送这种聊天一般的明信片，因为同是年轻人，久而久之，双方一定会产生某种化学反应的。有一天，对方会突然发现：**"啊！原来那个人一直都在我身边！"**

听了前辈的这番话后，我开始反省，发现自己是一个喜欢频繁表达自我的强硬派。我一直都习惯以积极甚至激进的方式和人交流，因为我认为这样才算认真努力，殊不知这么做会给别人带来压力。从那以后，我将前辈的这番话牢记于心，不仅开始寄轻松自然的明信片给喜欢的女生，在工作上也采取较为轻松自在的方式。

每个人都想尽快向对方传达自己的情意，可是欲速则不达，过于着急，反而会适得其反。更好的方法是持续向对方传达微不足道的日常琐事，静静等待对方内心的变化。换句话说，就是要**耐心等待对方真正需要你的那个时刻的到来**。这可以说是"潜意识效应"（Subliminal Effect，指主体在人际关系中形成的一种规律性的反映，主要反映人的心理趋向，使人不自觉地沿着一定的方向去进行心理活动及行为活动。）在生活中的应用。

当你希望对方说 YES 时，虽然有些场合确实需要激进强势的态度，但是要记住，**人生并不是一场淘汰赛，而是循环赛**。面对顽强的对手，你要做的不是一击致命，而是要**保持耐心，持续努力，摆出打持久战的架势**。有些时候，这种看似迂回的笨办法，反而是通往成功的捷径。

保持耐心，坚持努力，最后对方一定会说 YES。

培养思考的习惯，
磨炼说话的技巧

有人曾经说："演讲是否能够感动人心，关键不在于技巧，而在于心意。"

我非常赞同这个说法。在我看来，诚心诚意的话语是最美好的话语，它可以开启紧锁的心扉，疗愈心灵的创伤，浇融内心的块垒。

可是，如果只讲求心意，而完全忽略技巧，有时候也会出问题。比如只顾着自说自话，一味地按照自己的想法表达心意，对方可能会越听越糊涂，或者需要花很长的时间才能理解话的含义。

因此，适当的技巧也是必要的。如果把说话比作待人接物的话，那么**技巧可以看作是最基础的礼仪**。

不晓得为什么，我从小就对说话技巧特别敏感。我在小学时，就常常思考老师的讲课方式。那时我总是想："老师刚才的讲解方式，班上应该只有一半的人听得懂吧？""如果把刚才的讲解颠倒一下顺序，不是更有趣吗？""如果老师能够这么讲的话，大家应该都能听懂吧？"

而且，我一听老师的讲解，就知道哪些内容会成为考试的题目。因为我能通过老师的说话语气和方式，辨别出他强调的重点。

当我们聆听别人发言的时候，问问自己以下两个问题：
"如果是我，我会怎么说？"
"他想传达的重点是什么？"

如果我们能够养成这样的思考习惯，就能抓住对方话语的重点，并能够提升自己总结归纳的能力。

请把这个习惯当成磨炼说话技巧的练习，多加实践。

在聆听别人发言时，试着思考这两个问题：
"如果是我，我会怎么说？"
"他想传达的重点是什么？"

通过学习观摩，
建立自己专属的简报范本

完美的简报与一般简报究竟有何区别？为什么有些简报会那么吸人眼球，顾客一听就会产生"原来如此！我想要这个商品"的想法？百分之百成功的简报"方程式"究竟有何与众不同？

要想回答这些问题，我们必须要向简报高手学习，模仿他们做简报的方式。

我在第3章讲过，模仿高手的说话方式有助于提升我们的说话水平。这一招也可以运用在做简报上。如果你参加简报高手的演讲，记得要当场做笔记，回家后再把笔记全部看一遍，并加以整理和分析。当你尝试分析后，就会知道他们的发言流程，比如像下面的例子：

- **一开始先聊近况。**
- **中途再聊到自己喜欢这家公司的原因。**
- **然后再不经意地切入产品说明的部分。**

在会场时，你可能完全摸不清简报的流程，但只要做好笔记回家分析，流程便会一目了然。

当你听过不同高手做的简报，便可以将简报流程格式化，再加上你自己的想法，就能创造出属于你自己的简报流程。比如：

- **整体说明的流程复制××先生的模式。**
- **这部分换成自己想说的话。**
- **产品说明部分要替换成××先生的说明流程。**

按照这样的方式组织简报，相信一定可以吸引顾客的注意力。

可是，要注意一点：复制太有影响力或比你水平高出很多的人的简报流程，是非常危险的。因为太有影响力，则众人皆知，难出新意；水平太高，则难以驾驭。如果刻意模仿，反而会适得其反。因此，首先要认清自己的能力，找到与自己能力相匹配的模仿对象。

此外，我认为使用幻灯片（PowerPoint）做简报虽然很棒，但是却有个缺点，那就是使用幻灯片时，会场需要关灯，演示者就必须在黑暗中做简报，这样听众就无法看清楚演示者的表情。不过，如果你有明确的理由，比如**"我想通过播放影片来传达感动""我想传达的内容偏理论性，用图表有助于听众理解""我想使用时间轴来说明事情的经过"**等，那么使用幻灯片确实是明智的选择。最重要的是，大家要多多积累经验，然后根据实际情况来选择最适合的简报方式。

分析众多优秀的简报，取精用弘，
总结出自己的简报流程。

说话简洁有力，
就像标语一样深入人心

有位摇滚歌手曾拿出他作词用的笔记本给我看。笔记本里写着密密麻麻的歌词和文章，许多地方都画了红线。

我好奇地问："画红线的部分代表什么？"

他回答说："画红线的部分将来要写成歌词。"

也就是说，在这些挖空心思写成的长篇文章中，只撷取极少一部分成为歌词。由此可知，**完成的歌词虽然都是极简的句子，但里面却包含了大量被舍弃的信息**。正因如此，歌词才具有动人的力量。将这样的歌词配上旋律，才会打动听众的内心。

我们与人交谈时使用的言辞也跟歌词一样。原本长篇大论的言辞，在反复述说的过程中，会变得越来越简洁扼要。到最后，短短一句话就会蕴藏着大量信息。当这句话被说出来时，自然会令人怦然心动。

每当我听到有趣的故事或学到新观念，就会整天思考这些事情。当新的想法在脑海中浮现时，我会不厌其烦地找人交流，在反复思考、不断说出口的过程中，模糊的想法开始逐渐成形，最终开花结果。此后，只要聊到这个话题，我的措辞就会变得简洁扼要。换句话说，我能用寥寥数语快速说明整件事，而且我的**用词就像标语一般，给人留下深刻印象**。

想要达到这个目标，首先要**持续思考事情的本质，不断地与人交流想法**。在不断重复、反复琢磨的过程中，你自然能清楚地传达想法，措辞也会更加简洁，甚至有可能说出深入人心的警言佳句。

如果想让自己的话语深入人心，你的内容就必须能够真正地打动对方。请记住，对方会感动得落泪，并不是因为单纯地听了你说的话，而是因为你的话语勾起他的某段回忆，或者触动了他心中的某根弦。换句话说，你的话引起了他感情的共鸣。而想要达到这种效果，首先就要明白什么能够打动自己。因此，我们平常要多留意令自己感动的话题或事件。每当自己感动时，要扪心自问下面三个问题：

"我真的被打动了吗？"
"为什么我会感到陶醉呢？"
"令我感动的对象是什么呢？"

请记住，越精练的话语越有可能激发情绪的共鸣。刚开始你说出的话一定夹杂许多不必要的内容，但只要深入思考，反复琢磨，最后一定能找到最本质的信息，而那就是能够打动人心的话语。

在持续思考、反复述说的过程中，你最终会找到感动人心的一句话。

推销时，
用风趣幽默的口吻传达最有效

在推销商品时，该如何介绍，才能让消费者感受到商品的优点，进而产生购买的冲动呢？现在的消费者不会轻易打开钱包付钱，该如何说明，才能让对方欣然付款呢？

这时请回想一下，当你第一眼看到该商品时，自己的真正想法是什么。

有时候，我们一看到某个商品，就会立即知道它的优点，并且知道如何向人表达这些优点。

但有时候，我们也会心生怀疑："这个商品真的有那么好吗？我真的需要它吗？"这时，我们就要深入了解该商品。假如了解之后，发现这个商品真的不错，那么你在向人介绍时，就可以先说："其实我刚看到这个商品时，也不觉得一定要买！"然后再说明该商品的优点。

若是怕顾客心里产生"不需要买那么贵的东西"或"真的那么有效吗？"的担忧和疑惑，那就**主动将他们心中的疑惑和担忧说出来，这样顾客就会觉得你为人坦诚，对你产生信任。**然后你再进行解释，打消他们的顾虑。

前来聆听商品说明的顾客当中，有的人十分注重商品的品质，有的人则重视商品的使用体验；有人把"这件商品得过奖"或"受到专家推崇"当作重要的考量标准，有人则把商品品牌列为优先考虑的选项。

当你同时面对各种类型的顾客时，要用心体会这些人的差异，小心斟酌自己的发言内容，务求和更多的人达成共识。

你可以在介绍中加入拟声词，让话语显得亲切生动。比如：**"我刚开始使用时，心怦怦直跳，感觉好紧张。""咕噜咕噜地在嘴里轻微振动。"**像这样，尝试以幽默风趣的口吻真实传达你的想法与感受。

另外，在介绍中加入比喻也是个不错的方法，例如：

"就像沾到咖啡糖浆一样，手黏糊糊的。如果有个东西能帮你消除这种感觉，你不觉得很棒吗？"

"就像考取驾照后，第一次上路时那样紧张。"

"装懂的感觉真的很糟糕，我的眼神游移不定，简直飘得

比断线的气球还远。那次的经验让我明白，不懂的时候就直接说不懂，千万不要装懂。不懂装懂其实就是在自欺欺人。"

有时候要用开玩笑的语气，有时候则要有点学者风范。总之，平时多模仿高手的说话方式，学习令对方满意、将商品魅力完美传达的说话技巧。

此外，不能忽略自己脑海中突然闪现的疑惑，因为一定会有人产生同样的感受。若能成功分析出原因，就能化为助力，说服那些同样有此疑惑的人。

商品介绍不仅涉及心理学，还涉及文学。同时，你还要借助哲学与科学的力量，让你的介绍更具戏剧性，更令人印象深刻。

下面我想给各位介绍一个名词，它写作"meme"，读作"米姆"。这个词代表的是具有极强传播能力的信息，就像流行语、时尚或琅琅上口的旋律，能让人轻易地传播出去。

如果你把商品的介绍内容化作"meme"，就能赋予其生命力，这样顾客就会自动将这些内容传递给其他人。对销售者而言，能达到这种境界就是最高的成就。

将知识与商品的优势结合，超越对方的期待。

推销有术，
因人而异才能直击痛点

一般来说，我们可以将消费者分为三种类型：

①重视人际关系的消费者
②重视权威的消费者
③重视性价比的消费者

面对这三种类型的消费者，应该分别采用什么方法，才能让他们心甘情愿地花钱买东西呢？请听我一一道来。

■ 重视人际关系的消费者

想让这类消费者掏钱购物，首先要让对方喜欢自己。因此，第一步就是要建立信赖关系。为了做到这一点，**你必须让自己打从心底里喜欢对方**。

有一次，我发现一位听众一直面无表情地听我的演讲。演讲结束后，我在随后的聚会上又看到他，心想："啊，是那个没有反应的人。"可是，我并没有不理他，而是主动走到他面前问道："今天的演讲，您觉得如何？"

没想到他竟然回答："很有趣。"后来，我们又聊了很多，我才发现，这个看起来面无表情的人，其实内心非常重视人际关系。

就像我遇到的那位听众一样，有些重视人际关系的人乍看之下很难相处，你要做的就是鼓起勇气，主动问候，并试着让自己喜欢对方。

此外，对于这种类型的消费者，跟他说**"其他人也买这款商品"**也是个有效的方法。

■ 重视权威的消费者

这种类型的消费者很看重权威、保证之类的话语，因此你在介绍商品时，要**尽量展示商品的权威性**，比如**"这款商品取得多个专利""获得过许多奖项""皇室御用"**，等等。或者介绍商品的背景或研发团队，比如"多位专家参与研发"。这样会更容易打动这类消费者的心。

■ **重视性价比的消费者**

这种类型的消费者对于价格和价值相当在意,所以你要**出示数据资料,说明商品的效果绝对符合(或是超越)其售价**。有时候,甚至需要以比较同类商品优缺点的方式进行说明。

这种类型的消费者大多缺乏耐性,想赶快知道结论,所以说明内容不要过于冗长,力求简洁扼要。比如,一开始就表明**"该商品有三个特色"**,一定能引发他们的兴趣。或者开门见山,**先从结论说起也可以**。

以上就是针对这三种类型的消费者,分别适用的推销方法。

如果对方看起来喜欢跟朋友待在一起,表示他重视人际关系;如果对方一开口询问价格,表示他重视性价比。只要仔细观察对方,就能大致看出他是哪一种类型的消费者。

请务必分辨出对方的类型,然后再以最容易打动他的方式来介绍商品。

依据对方的类型,采用不同的表达方式。

通过察言观色，
委婉表达自己的心声

我们都有过这样的经历：有时候虽然口头上表示赞成，但内心是反对的；有时候虽然嘴上说反对，但内心却很赞同。

在我们的日常生活中，这种现象可谓司空见惯。为什么我们非要如此"表里不一"呢？因为有时候，直白地表达内心的真实想法会伤害对方的感情。为了顾及对方，我们才不得不说一些善意的谎言。可如此一来，我们倒是顾及了对方的感受，可是却丢掉了自己的真心。

面对这种两难的情况，有没有一种方法，既能顾及对方的感受，又能表达自己的心声呢？或者说，怎样才能委婉地表达自己内心的声音呢？下面我来介绍一个好方法。

人类的沟通并不单单通过言辞表达。有时候我们换一种语气或态度，就能表达出与言辞的字面意思相反的含义。

举例来说，"你就试试看吧！"这句话，究竟是表示"我很相信你，也很支持你，你只管放心去做"，还是表示"既然你这么坚持，就算失败，我也没有任何责任，就随你去做"，只能通过对方的语气或态度来判断。

如果朋友对你说："我们计划一起去旅行，你想不想一起去？"你会怎么回答？这句话其实具有两种可能性：一种是朋友真的希望你能一起去，如果你说不去，他可能就也不去了；另一种则是他其实并不是那么希望你参加，可是不告诉你的话，又有些不好意思，所以只好询问你的意愿，再根据你的回答考虑对策！

"你想不想一起去？"只是表面话，你需要从对方的态度及语气，判断出更深层的含义。

其实**多数人都拥有通过语气及态度判断对方意图的能力**，因为我们的感情与大脑是连接在一起的，**对方可以从你的态度或语调，看清你的真心**。有时候，你越是不想将情绪表现出来，反而往往适得其反。根据这点，我们就可以委婉地表达自己内心的声音。

换句话说，当你不想把话说得太过直白，又想把真实想法传达给对方时，就可以通过变换语气或态度来表达。

举例来说，当你不太赞同对方的想法时，可以在对话中加入语气词，说："嗯……我觉得也可以……"这个拉长的语气蕴藏着否定、怀疑、勉强同意等信息。

虽然这一招确实有点难度，但如果运用恰当，一定能让对方明白你的真心。

 通过语气或态度来表达真实想法。

当你提供建议时，整体思考有助于对症下药

我的一位朋友是针灸师，他不仅说话风趣幽默，而且想法也很奇特。他认为生病不是一件坏事，而是一种身体的自我调整，人体通过生病来达到平衡。他经常说，对于身体的疾病，如果仅将它视为孤立的问题，只进行个别治疗，有时候反而会打乱体内的平衡。

如果将他的这种观点应用在工作上，我们也可以这么想：一个人工作不顺利，或许并不是因为他能力不佳，也可能是因为他正处于自我调整期。因此，当我们试图激励他提升工作效率时，反而可能会破坏他的自我调整过程。

尽管如此，我们还是希望对方能够提升工作效率。那该怎么办呢？难道任由对方慢慢地自我调整吗？我们或许可以从针灸治疗的方法中得到一些启示。

当我们去针灸时，如果想舒缓肩膀僵硬的问题，针灸师并不是直接在肩膀施针，而是在手背的穴道施针。同样，**当我们想帮助某人解决问题或给出建议时，也不能头痛医头，脚痛医脚**。比如，希望对方能积极工作时，我们总习惯于说一些鼓励或批评的话，可是很多时候，这样做收效甚微。这时，我们是不是应该从其他地方下手，找出能提升对方积极性的"施针点"呢？我认为这样的思考方式会更有效。也就是说，我们要养成整体思考、通盘观察的习惯。**不要将焦点锁定在问题本身，而是要观察整体状况，从更全面的角度思考，并随机应变**。

针灸时，头疼扎头、脚痛扎脚是没有效果的。同样，**直捣核心的沟通方式通常也效果不彰**。究其原因，就在于没有通盘考虑事情的真相。举例来说，公司领导和业绩突然下滑的下属进行了以下对话：

"你最近为什么无精打采呢？"

"不是那样的，其实是家母生病了。"

"你啊，要以工作为重。母亲生病了，你当然会担心，可是，业绩不好不该跟你母亲生病的事混为一谈，这完全是两码事！"

对于员工来说,母亲生病正是关键所在,可领导不仅不安慰,反而一味地指责,这无疑是在伤口上撒盐。

听到领导这么说,还能虚心接受的下属,绝对是比领导更优秀的人。能诚心接受领导的训诲,并且认为"领导说的没错,工作是公事,家人的事是私事,要区分清楚。我今天真是受益良多"的下属,就算没有领导的指正,也能不断成长。

可是,面对领导的一味指责,大多数下属都只会气呼呼地想:"领导根本体会不到我的感受。"从而变得更加气馁,情绪更加低落。

因此,对领导来说,最好的做法是一开始就应该发扬同理心,安慰下属说:**"原来是这样啊。令堂生病了?母亲生病当然会担心。你要好好照顾她。"**

切记,不要采取"头痛医头,脚痛医脚"的沟通方式,而是要先表示理解。然后你可以从其他话题切入,思考如何能提振下属的士气,并通过与业绩无关的话题,启动下属的动力引擎,让他再度充满斗志。

看待事情时,不要只是局部聚焦,要养成全盘观察、整体思考的习惯。

抱持利他想法，就会有所回报

"他是个执着于细节的人。"

"他是个相当谨慎的人。"

虽然这两句话都是形容同一个人，但前者给人的印象不是很好。前面那句话听起来像是一位上班族在评论自己的领导："我的领导总是很在意细枝末节，所以在他手下工作很辛苦。"

相较之下，后面那句话听起来却像是称赞。就像是一位主管向老板夸奖自己的下属："他做事认真谨慎，从不出错。"

由此可见，即使描述同一个人的同一个品质，所用的说法不同，给人的印象也会天差地远。其实，从某种程度上说，**一个人的优点等同于他的缺点**。比如，"行动力强"的反面是"容易冲动"，"不忘本心"的反面是"思想僵化，不懂变通"，

"热情率直"的反面是"容易一头热、容易发怒"。

说得再具体一点，**若一个人的才能发挥利他的功用，那就是优点；若只愿为自己所用，那就是缺点**。一位说话高手帮人答疑解惑，将问题讲得浅显易懂，这就是他的优点。可是，如果他的这项才能只用在自己身上，就会变成好辩的缺点。

想将缺点变成优点，关键在于有无利他的想法。如果你说一番话的目的只是为了炫耀口才，赢得大家的称赞，那就是一种自以为是的行为。但是，如果你说这番话的目的是为了启发听众，振作士气，那就表示你是在为对方着想。换言之，这就是利他行为。

而且，人们能够清楚地感觉到话语的微妙差别，因此，你是在夸夸其谈，还是在启迪听众，大家能够清楚地分辨出来。

你是为了发泄情绪而斥责别人？抑或是为了对方好才出言责备？只要话一出口，你的意图便会一目了然，无所遁形。

你的话是利己还是利他，会在很大程度上影响你在对方心目中的形象。

因此，**如果希望你的话能感动对方，让对方有所行动，别忘了一定要抱持利他的想法来表达心意**。

 说话要抱有利他的意图。

第5章

激发他人干劲的必杀话术

这一章主要介绍我总结的十个"必杀话术"。

这些话当然不能说绝对正确,但确实是我一直以来经常使用的话术。

必杀话术 1

情境 Situation

鼓励对方拥有梦想,你得说……

建议 Suggestion

你跟未来有何约定?

人生中总有几件特别重要的事，值得我们认真对待和探讨，比如梦想。

当你想与晚辈探讨梦想时，若只是使用常见的说辞，虽然能传达心意，但却无法撼动他的灵魂。就算你苦口婆心地反复叮嘱对方，人活着要有梦想，要为自己勾勒未来的蓝图，对方也未必能够听进心里去。因为对他们来说，这些话如同老掉牙的"真理"，大而无当，虚无缥缈。

这时候，你只有别出心裁，使出必杀话术，才能打动对方。

"你跟未来有何约定？"

请试着用这句话问一下对方吧。当他听到这句话时，一定会大吃一惊，露出憧憬未来的表情，内心的雾霾也会随之一扫而空。甚至，对方仅仅因为这句话，不知不觉中已经抱持了"达成与未来约定"的想法。

人在面对自己认为无法改变的现况时，如果能因为一句话而重新振作，与美好的未来重新约定，那将是一件多么美好的事啊！

必杀话术 2

情 境 Situation

为陷入压力『泥沼』的朋友加油打气时,你得说……

建 议 Suggestion

不成功也没关系,忠于自我就好。

"虽然大家都帮我加油打气,可是……"

"虽然我知道只要努力过就好,可是……"

当朋友心力交瘁地向你抱怨时,你可以对他说出这句话:

"不成功也没关系,忠于自我就好。"

"忠于自我"就像一款每个人一出生就安装在脑海的软件,驱动这款软件的力量不是才能,而是人性。

忠于自我的软件一旦激活,就会产生极大的力量,帮你挣脱一切束缚,活出真实的自我。因此,最有女人缘的男人并不是帅哥,而是展现真性情的男人。

原本你认为自己别无选择,一定要闯出一番事业,因此压力很大。但当卸掉身上的盔甲,重新审视自己,就会发现,对你来说,忠于内心才是最重要的。事情无论大小,只要自己不懈怠,专心认真地投入,即使暂时没有取得成果,在未来也一定会有回报,所以现在的付出并不算白费。这样一想,整个人就会轻松很多。

有人说:"努力的人不一定会成功,但是成功者一定是努力的人。"可是我认为,成功者不一定是苦哈哈地努力的人,而一定是忠于自我的人。

必杀话术 3

情 境
Situation

帮助他人找回初心时，你得说……

建 议
Suggestion

你背叛的是梦想，还是你自己？

梦想可以说是几乎难以实现的憧憬。换句话说，想要实现梦想，不仅要跨越横亘于前的重重难关险阻，而且要战胜一次次想要放弃的念头。因此，能够实现梦想的人，一定是懂得自我鼓舞、自我疗愈的人。

玩过游戏的人都知道，游戏中的高级道具都不会让玩家轻而易举得到，越是高级的道具，越难得到。若非如此，岂不是人人都能入手了吗？梦想也是如此，正因为其难以实现，才更显可贵。当一个人面对看似不可能成功的事情，想要放弃却心有不甘时，有句话可以坚定他的信念，重燃他内心的斗志。

"你背叛的是梦想，还是你自己？"

同样，你也可以用这句话来鼓励自己。即使到了一筹莫展、山穷水尽的境地，即使选择放弃也没人会责怪你，但只要认真地思考一下这个问题，你就会重新振作起来，并告诉自己："我要挑战看看！不试试，怎么会知道结果如何呢？"

这句话能让你想起自己追求梦想的初衷，能让你重新意识到梦想对你意味着什么。

请再给自己一次与梦想对话的机会。梦想不会背叛你，而是一直都在找寻你。

必杀话术 4

情境 Situation

想与初次见面的人快速拉近距离,你得说……

建议 Suggestion

我实在太喜欢你了!

想快速与初次见面的人拉近距离，就要采用直接表达好感的方法。具体来说，就是先想想自己对对方的感觉，然后直接告诉他就可以了！

请将这个关键的时刻，想象成自己正在和对方玩猜拳游戏，你只要先出招即可。一般来说，玩猜拳游戏时，后出招的人比较有利；但是人与人之间的交流刚好相反，是先下手为强。

如果你先说出"我喜欢你"，你的善意就会率先传达到对方心里。

"我实在太喜欢你了！"
"你最棒！"
"我怎么会现在才认识你啊！"

两情相悦只会发生在对方喜欢你，同时你也喜欢对方的时候。我们无法知道对方的想法，但是可以自己先往前跨出一步。

有些人看到这里，也许会感到疑惑：不管对方是男是女，是老是少，就这么直接地表达好感，真的可以吗？

我认为，表达好感并不是肤浅的技巧，而是有着更深的用意。这种技巧并不是为了建立表面的人际关系，而是要告诉你，与人交谈时，应该努力发掘对方的优点。请看下面的对话：

"请问你从事什么工作？"

"我从事美容行业。"

"什么样的美容行业呢？"

"我是美发师。"

"那你一定很喜欢美丽的事物吧？"

"不是你说的那样啦，会做这一行完全是偶然。"

"那你原本想从事什么工作？"

"我想当美容师，可是我的肌肤太敏感，容易变粗糙……"

"原来你是敏感肤质啊，但你也是因为喜欢美容，才会选择美发师这一行吧？"

"是的。而且我也喜欢与人接触。"

"原来如此！那什么时候会让你觉得做这份工作很开心？"

"每次看到客人剪完发后，变得更精神、更漂亮了，我就会觉得很有成就感。"

让我们来挖掘对方的优点吧！将焦点锁定在寻找对方优点和强项的交流，就像是在玩寻宝游戏一样。

下面介绍几个挖掘对方优点的实用问题：

"以前,你最喜欢的事情是什么?"

(询问对方人生中美好的经验。)

"在你的人生中,什么事让你最感动?"

(掌握对方的感动点。)

"有哪些体验曾让你兴奋不已?"

(挖掘出对方人生经历中最棒的体验。)

当你听完对方的回答,肯定会更加喜欢他。那么,就将你的真实想法告诉他吧!请勇敢地对他说:"我实在太喜欢你了!"

必杀话术 5

情 境 Situation

在关键时刻为他人赋能,你得说……

建 议 Suggestion

我会给你力量!

当我们想要鼓励对方,提振士气时,经常会摆出一副说教者的样子告诉对方:"对你而言,现在正是要付出努力的重要时刻!""为什么不努力看看呢?现在是多么重要的时刻啊!""你一定可以好好完成工作吧?"

如果想利用这几句话就打动人心,鼓舞士气,那未免也太简单了吧?这些话听起来没什么震撼力,完全无法产生激励效果,顶多只是触动一下对方的神经而已。那该怎么办呢?我送你一句魔法咒语,保证让对方斗志满满,信心十足!

"**我会给你力量!**"这句话既不是华而不实的激励,也不是义正词严的说教。它虽然简单质朴,却饱含真诚,不是摆出一副站在一旁加油呐喊的看客姿态,而是坚定地站在对方身后,真正地给予他以支持和力量。对身处困境的人而言,还有比知道自己并非一个人在战斗更能提振士气的事情吗?

无论想得到别人的帮助、希望对方认同自己、希望被爱或是想得到原谅,都可以说:"请借给我力量吧!""没有你的力量我办不到。"对方听到后,一定会向你伸出援手。

如同零极限疗法"荷欧波诺波诺"(Ho'oponopono,流传于夏威夷地区的深层心疗和转化人心的疗法)能消除内心纠葛,我认为"我会给你力量!"这句话也有一样的效果。

必杀话术 6

情境 Situation

想要诱导顾客点头同意,你得说……

建议 Suggestion

这部分就这样决定了,好吗?

假设你此时正在向一位顾客推销某个商品,你非常希望对方能够掏钱购买,该怎么办呢?最好的方法就是让自己掌握核心决定权,而把细节的决定权交给对方。我常会使用这句话:

"这部分就这样决定了,好吗?"

如果把这句话放在具体的情景中,就可以说成下面这样:
"既然您已经决定要买了,请问是刷卡还是付现金?"
"这次要全家一起去旅行,大家是想去海边还是去山上?"

"买"和"旅行"是已经决定的部分,所以交流时就以"已经决定"作为前提,继续商量其他细节。可能有人觉得这么说有点咄咄逼人,不过,做决定本来就很耗费精力。如果你先替对方做好决定,对方乐得轻松,或许心里会很高兴呢。例如下面的案例:

"这件事有点棘手,我还无法答复你。"
"如果以能够解决作为前提,还是不行吗?"
"这么说,也不是完全没办法。"
"太好了,请这样处理吧!"

总而言之,必须先跨出一步试试看,只要意志足够坚定,一定能开创出新的道路。

必杀话术 7

建议 Suggestion

到时候,我可以说是你的朋友吧?

情境 Situation

想帮犹豫不决的人迈出第一步,你得说……

每年都有许多迷茫的年轻人找我咨询。他们虽有梦想，但是却因为梦想太过渺茫而犹豫不前。

这时候，我总是扮演起预言家的角色，为他们描绘美好的未来，并用积极的态度鼓励和引导他们。

"你现在可能不相信，但说不定未来会比你现在想象得更美好。"

"当你日后回想现在时，或许会想起，自己原本以为这些都无法实现呢。"

"其实未来会更美好。可是，如果你没有尝试，怎会知道结果呢？到时候你一定会说：'拓巳先生一开始就这么预言了。'"

作为描述未来的预言家，我必须要发挥想象力，为对方编织出美好的愿景。然后，我会用幽默的语气说出一句话：

"到时候，我可以说是你的朋友吧？"

这时，对方一般都会又惊又喜，笑着说："你在胡说什么啊！"现场的气氛一下子就变得活跃起来。

有时候，我还会继续想象，为他描述梦想实现后的情景：

工作人员进来通报:"山崎拓巳先生在外面,说要找您。"

你可能会不耐烦地说:"什么?我现在很忙。好,我知道了,你请他等一下。"

那时候我会说:"看来这家伙变了!"

听到这里,对方肯定会马上反驳:"不会有这种事的啦!"但他心里其实早已乐开了花,并坚定了为梦想奋斗的决心。

帮助对方憧憬美好的未来,可以激发对方实现梦想的动力。通过这个方法,我已经帮助许多人迈出实现梦想的第一步,也因为我说出这句话,我和这些人到现在都还是朋友!

必杀话术 8

建 议 Suggestion	情 境 Situation
我们打开天窗说亮话，好吗？	化解会议无人发言的尴尬，你得说……

第 5 章 激发他人干劲的必杀话术

开会时，难免会遇到全场沉默或进展不顺利的情况。这时，假如你是会议主席，该如何打破沉默呢？下面我教大家一句黄金措词：

"我们打开天窗说亮话，好吗？"

日本著名管理咨询专家大桥禅太郎的著作《像犹太人一样开会》中有个这样的情节：主持人让与会者当众说出一件自己难以启齿的事。最初大家都面露难色，因为所谓"难以启齿"本来就是很难开口说出来，所以要说出来得需要极大的勇气才行。后来在主持人的一再要求下，大家开始慢慢说出自己心中的秘密。可以想见，这些事带给大家的冲击，远非震撼二字可比拟。可是，过一会儿，这些冲击却变成阵阵笑声，现场气氛也变得如火如荼起来。

虽然开会不是玩真心话大冒险游戏，但也要遵循说真话的原则。大家只有说出真心话，会议才会有效果。会议的目的就是要集思广益，解决问题。如果大家处处遮遮掩掩，依旧按照老套的计划方针思考，那开会也就失去意义了。

因此，你作为会议主席，要让大家清楚会议的原则。当大家都一言不发时，你要及时说："我们打开天窗说亮话，好吗？"这样大家就会抛却顾虑，纷纷发言。一旦大家开始说真心话，会议氛围就会变得自由活跃，因为真心话把压抑大家的"天窗"打开啦！

"说真的，我想让这个策划案喊停！"
"欧耶！"
"老实说，我认为全部都该由总公司负责才对！"
"你这么说的话，这个会议就可以结束了，哈哈！"

随着气氛的活跃，大家慢慢开始察觉，覆盖在会议上面的"寒冰"开始融化，不知不觉中，会议的"春天"已经到来。

必杀话术 9

情境 Situation

化解他人的不快与怒气,你得说……

建议 Suggestion

让你产生这样的情绪,是我的问题。真的很抱歉。

记得有一次，由于电子邮件的网络连接不佳，导致我无法按时完成工作。我非常生气，于是打电话向客服中心投诉。对方听完后，回答说："您的电子邮件出现这样的问题，实在很糟糕。真的非常抱歉，我们会以最快的速度为您解决。"听到对方这么说，我的怒气瞬间消除了一大半。

"真的非常抱歉，我们会以最快的速度为您解决。"我被对方这句话中的诚意深深打动。

你是把对方当物品看待，还是当人看待？这直接决定了你的态度及言辞。

我在第2章提到，爱就是"感受和分担当事人内心的痛楚"。站在对方的立场去感受他的情绪，分担他的痛苦，这就是爱的体现，也是待人接物应该遵守的原则。

即使面对别人的误解，我们也要坚守待人接物之道。倘若你回答："这个嘛，并不是本公司的错……"那么结果不用想就知道很糟糕。但如果你能先站在对方的立场感受他的情绪，便会说出另一番话："因为这个状况而耽误了您的工作，我非常抱歉。虽然本公司没有专门机构来解决这个问题，但是请让我跟你一起想想解决的方法。"

我再举一个例子：假设你在餐厅不小心把水杯碰倒，水洒得到处都是。正当你觉得不好意思时，却听到服务员对你说：

"您的衣服没事吧？"这时，你是不是感到很暖心呢？

现在换到另一个场景：宴会厅的工作人员不小心把杯子掉在地上，玻璃破碎的声音响彻整个会场，客人们纷纷皱着眉回头看。这时有位客人关心地问他："你没事吧？一定吓坏了吧？"这是我亲身经历的事情，正是那位客人让我明白了同理心的真谛。

很多时候，对方生气的原因不是我们本身有错，而是对方误解了我们。这时，你可以马上辩解说："我不是那个意思，你会错意了。"但是，有句话比立即辩解更能消除对方的怒气。

"让你产生这样的情绪，是我的问题。真的很抱歉。"

先用这句话展示出你的态度，表明你站在对方的立场去看待问题，这样对方的态度就会温和很多，然后你再解释误会："不过，请您听我解释一下……"

如果用这种方法化解矛盾，相信很多矛盾都可以顺利解决。

必杀话术 10

情 境 Situation

工作遇到麻烦,希望得到别人帮助时,你得说……

建 议 Suggestion

这不是公事,算是我的个人请托。

大多数时候，只要我们认真努力，积极发挥主观能动性，都能顺利完成工作。但是，有些工作确实已经超出我们的能力范围。这时，我们就需要别人的协助。不过，若你提出的请求让对方觉得有些强人所难，那他肯定会拒绝。这时候，该如何解决呢？

我认为可以这么说：

"这不是公事，算是我的个人请托。"

"本来是不应该拜托您做这件事的，这纯粹是我个人的想法。我十分渴望完成这个工作，所以擅自请您帮忙。如果可以，请您务必帮我这个忙，如果您认为这个要求太过勉强，拒绝也没关系。因为这个工作本身就不是您分内的事。"

要点就是首先采取谦卑的态度跟对方说明，然后再试着提出自己的请求。虽然这样说也可能会遭到对方拒绝，但在一般情况下，对方都会爽快地答应你的。

无论结果如何，我们都应该试一下。因为如果你不提出请求，那就连成功的机会都没有。为了尽量将风险降到最低，在提出有点"过分"的请求时，不妨用这句话试试吧！

主持会议的说话术

第 6 章

第 6 章的主题是会议主持。

假设你是会议主席,应该如何掌控会场呢?你该传达什么信息,该注意哪些事情?本章将传授你成功主持会议的技巧。

厘清会议目标，
鼓励所有人发言

假如你是会议主席（主办人、主持人），会注意哪些事情？会议的目标又是什么？如果你只是其中一位与会者，只要针对议题畅所欲言即可。可问题是，万一哪天你成为掌控全场的会议主席，又该怎么做才好呢？

当上会议主席后，首先要注意的事情就是，**所有人的意见都要拿到台面上讨论**。

爱表现的人，就算你不理他，他也会主动发表意见。而对于他的意见，嗓门大的人也自会提出反驳："不，你说得不对。你刚才那么说，完全没有考虑到预算。"一旦变成这种情况，嗓门小或者不积极的人就没有发言机会，只能当观众。

于是，嗓门大的人或熟悉该领域的人的意见就会被采纳，或者会议演变成围攻某人的质询大会。事实上,许多会议最后都会变成这样。

为了避免出现上述情况,身为会议主席的你要主动询问嗓门小或不那么积极的人。因为会议主席的任务就是将发言的机会平分给所有人。

如今,头脑风暴(Brain-storming,指一群人围绕某个问题进行讨论,在完全不受约束的条件下敞开思路,畅所欲言,主要用于收集新设想。)可能是最受大家欢迎的会议模式了。想要有效地激发头脑风暴,一开始就不要限制时间,也不要中途打断发言者的话,必须让所有与会者毫无保留地畅所欲言。

如果将所有与会者比作一支管弦乐队,那么,会议主席就是乐队指挥。乐队指挥的任务是让大家有效协作,共同演奏一首完美的乐曲。同样,会议主席的任务就是**将所有与会者的意见摊在台面上,引导大家有序发言,有效讨论,并以达成共识为最终目标**。

开会时,要将所有人的意见摊在台面上,并以达成共识为目标。

少数未必要服从多数

开会时,一开始要让大家踊跃发言,把众人的意见摊在台面上,然后再根据预算、时间、人员等条件限制进行筛选,最后达成共识。

但是,在达成共识的最后环节,必须要牢记一点,那就是**多数派的意见未必正确**。

少数服从多数的原则固然有道理,但也不能一概而论。举例来说,开会讨论员工旅游或公司年会等议题时,采取少数服从多数的原则自然没问题。但若是讨论企业方针或新项目企划等与企业运营相关的重大问题,采取这种原则恐怕就不太合适了。因为**能够准确判断市场趋势的人永远只占少数,而大多**

数人却对瞬息万变的市场趋势束手无策，甚至视而不见。如果采取多数派的意见，往往会让计划赶不上变化。有时候，多数派的意见反而会成为错失大好机会的陷阱。

某位优秀的音乐制作人曾说："**大家一致认同的作品肯定不会引领潮流。**"换句话说，开会时，大家满口称赞的企划案往往是早已存在的点子。这种企划案最容易变成"虽然符合大众口味，但是也不会大受欢迎"的结果。相反，少数人强力推荐的企划案，或许不算热门，但是却很有可能引领潮流，实现大卖。

一位人气歌手在出道前，曾将自己的歌曲小样寄给这位制作人的公司。据说，大家在听完后，都不看好他，但这位制作人却力排众议，坚决推荐他出道。当时的歌曲小样共有四首歌，其中两首日后成为这位歌手的代表作。如果当时按照少数服从多数原则来决定的话，这位歌手就不会有出头之日了。

 有时候，少数派的意见比多数派的意见更有价值。

会议主席最重要的两大素质：分析力和判断力

如果有人问我："会议主席必须具备的重要素质是什么？"我会回答："**分析力和判断力**。"

前面提到，少数未必要服从多数。如果开会只是将所有人的意见罗列起来，再根据少数服从多数的原则统计结果的话，那么会议主席根本不需要什么能力。

不过，请各位不要忘了，会议主席并不是裁决者，最后的决定人通常是主管或老板。所以，会议主席并没有做决定的权利。

会议主席的工作是将与会者的意见及优缺点分别列出，然后交给决策人。例如："A 的提案**成功率高，但缺乏新意**。B

的提案**虽有风险，但很有可能引领潮流**。C 提出的方案**虽然预算高，不过风险低**。"

也就是说，会议主席真正的职责是对与会者的意见进行全面分析，并给出有助于决策的分析结果，供决策者参考。

因此，会议主席必须能够冷静分析所有意见的优点与缺点，并能够从众多意见中判断出少数优秀的意见。而要做到这些，良好的分析力和判断力自然是不可或缺的。

会议主席的真正职责是列出每个意见的优点与缺点，供决策者参考。

会场里没有失败者

据说,某企业的两位共同创办人曾有这样一个约定:当两人发生意见分歧时,如果最终采用其中一人的方案,即使日后证明该方案的效果不佳,另一个人也绝对不可以泼冷水说:**"看吧,我早就说另一个方案比较好吧!"**

这两位创办人因为事先定下了这个约定,所以长久以来相处都十分融洽。

换句话说,**面对失败,不要做事后诸葛亮,更不要批评和讽刺提出方案的人,将其定义为失败者。因为既然经过了沟通,达成了一致意见,那么最终采用的这个方案就是两个人共同提出的方案。**

会议主席也要牢记这一点。当最终从两种不同方案中选出一种时，绝对**不要将提出落选方案的人视为失败者，使其难堪**。因为一旦撕破脸，感到难堪的那一方会变得意气用事，彼此也会种下心结。

会议就是要畅所欲言，出现分歧和争论都是正常的。正是由于积极的交流和讨论，最终方案才能变得更加完备。可以说，最后淬炼出的方案是大家共同智慧的结晶，而不是某人或某一方的成果。因此，参与会议的人没有失败者，反而都是胜利者。

此外，当出现不同意见时，只要没有特殊情况，一定要保持开放的心态，给大家详细解释各自意见的机会，而不是一味地反驳和压制。因为当你听取不同的意见时，或许能从他人身上发现自己的盲点或疏漏之处。

保持开放的心态，不固执己见，或许会产生足以改变这个世界的崭新想法。相反，硬要别人接纳自己的方案，可能会因此而毁掉一个好点子。

说到这里，我不由得回想起以前那个固执己见、喜欢争辩的自己，那时的我简直就是在浪费生命。

如果最终选出的方案执行顺利，效果不错，那当然是好事。如果不顺利,只需更换新的方案即可。只要大家在开会时保持开放的心态,秉持对事不对人的原则,即使中途需要更换方案,通常也能顺利进行。

会议的目的就是集思广益,群策群力,让整个组织蒸蒸日上。要达到这个目的,首先要让参与其中的每个人都感到幸福。因为组织是由个人组成的,只有个人获得幸福和成长,组织才算真正地幸福成长。

每个人都在孜孜不倦地追求幸福,既追求生活中的幸福,也追求工作中的幸福。会议主席绝对不要忘记,会议也是人们迈向工作幸福的过程之一。因此,请让参与会议的每个人都能朝正确的方向前进,而决不能让会议变成互相伤害的批斗大会。

不要把意见未被采纳的人视为失败者,也绝对不要忘记会议的初衷。

会议背后最重要的推手：
调解人

我在第1章中提到，球型组织结构比金字塔组织结构更有趣。在趋势瞬息万变的现代社会，**金字塔的垂直结构就像一堵砖墙，一旦中间几块砖头掉落，整堵墙都将一起崩塌，危险性很高**。球型组织的结构宽松，可以像变形虫一般随时变化，成员不被固定在某个层级，而是随着任务的变化灵活流动。因此，这种组织将拥有卓越的避险能力。如今，提倡这种组织架构的人越来越多。

球型组织结构有什么要求呢？以公司为例，在这种结构的公司中，一个团队并不是由相同功能的成员组成（比如会计部门的成员都是会计），而是由不同职能的成员组成，每个成员都有自己的专业和特长。所谓麻雀虽小，五脏俱全，一个团队就相当于一个小型公司。这样的团队或许比较耗费成本，但是比那种由相同能力的人组成的大型团队，更具机动性，生产效率也更高。

事实上，有的企业已经按照这种方式组建团队，经过实际作业，效率也确实比一般方式更高。换句话说，让各领域拥有决定权的人各司其职，以个别行动为基础组成团队，将会创造出更优异的成绩。

还有一件事必须注意，那就是要在团队中安排一个调解人。当团队成员的意见发生冲突时，这个人能够居中调解，确保大家保持冷静，不会进一步激化矛盾。这样组织的运行才会更加顺利。因此，团队里绝对少不了这种在背后协助大家，有时扮演参谋角色的人。

当队友的关系出现裂痕时，调解人会私下沟通，化解双方的隔阂。比如他会这样调解："虽然××先生在会议上那么说，其实私底下非常尊敬你，也很仰赖你的能力。"

调解人虽然不是正式的职务，也不会留下什么记录，但对团队而言，确是非常重要的成员。

以棒球队来比喻，如果由各队的中心打者（棒球术语，指棒球队中非常重要的击球手，一般担任球队的攻击重心和重炮手，需要打出高、远球。）组成一支棒球队，这支队伍绝对没有成为强队的可能，必须要有能够制造上垒（棒球术语，是指进攻方的击球员击出球后，迅速从本垒跑向一垒位置，成功用身体触碰垒包，在跑的过程中，没有被拿球的防守队员触杀的过程。）机会、懂得布局的选手，才能造就一支强大的棒球团队。

调解人在会议中也是不可或缺的重要角色，而**会议调解人的角色一般要由会议主席来承担**。也就是说，会议主席要让出席者发挥各自的强项及个性，并思考如何调解大家的意见。因此，优秀的会议主席对于组织现状、团队前景等议题必须了如指掌，才能在会议上运筹帷幄。

 会议主席其实就是激发每个人潜力的调解人。

整合各方的意见并非妥协，
而是拓宽视野

当你担任会议主席时，有件事需要牢记在心，那就是出席会议的每个人都会有这样的想法："我是对的。"换句话说，每个人都有自己坚持的观点，**每个出席会议的人手上都握着一把自己的"真理"之剑。**

因此，当大家观点不同时，便会拔出各自的"真理"之剑互相攻击。想要避免这样的事情发生，会议主席就要让大家树立一个观念："**我可能是对的，但对方也可能是对的。**"

我在第 1 章中曾提过，一位前辈给过我这样的建议："**要先对他人的想法表示认同。**"这个建议同样适用于会议场合。

除了帮大家树立观念外，会议主席还要时刻谨记，**开会的**

最终目的是解决问题，而不是选出一个方案。世界上本来就不存在只有唯一解答的问题。因此，当最后有两个方案不分伯仲时，不一定非得选择一个方案，而是可以灵活使用两个方案。例如你可以说："虽然现在的结论是 A 方案，不过请 ×× 先生以 B 方案负责人的身份拟定备案。"这样就可以多一份保障，在 A 方案行不通时采用备案。

另外，如果几种方案各有利弊，那么可以尝试将它们综合起来，说不定会孕育出更好的方案。而如何引导大家将这些方案有效整合起来，如何取其精华，去其糟粕，则考验着会议主席的能力。

除此之外，会议主席还要思考，如何引导出跟 A 方案截然不同的 B 方案，以及能否借助头脑风暴，想出与 A、B 两个方案性质完全相反，或是性质截然不同的 C 方案。

我认为，营造出轻松愉快的聊天氛围，正是引导大家积极思考各种方案，开启头脑风暴的关键因素。

答案不是只有一个。

事先宣告会议的目的与时间,会让过程更流畅

在开会前,事先就某些问题和与会者达成共识,是保证会议或讨论顺利进行的一个技巧。

所谓共识,简单来说就是想法一致。

那么,都有哪些问题需要在开会前达成共识呢?我认为,至少有两个问题:

这次会议的目的和目标是什么?
这次会议的时间如何安排?

如果把会议比作跑步,那么我们在起跑前,必须要事先知道规定的时间和终点。

举例来说，你在主持讨论活动举办方式的会议时，可以事先告诉大家会议的目的："召开这次会议，是为了能让活动取得圆满成功。活动成功有两个指标，一是让每位来宾感到满意，二是把经费控制在计划之内。"

等大家对会议目的了解之后，再告诉他们这次会议的目标："我希望在会议结束前，能决定活动的内容，以及每个人负责的工作。"

此外，还可以将这次会议的原则告诉大家："希望大家畅所欲言，把心里话都说出来，但不要互相争执。"

每次我上研习课，都会在讲课前对学员说："当课程结束时，你们希望自己有什么样的改变呢？什么样的收获会让自己觉得最有成就感呢？请把这些答案先写在纸上。"

首先明确自己的想法，知道自己想要什么，然后带着目标去听课，就能获得更多收获。会议也是同样的道理，一开始就让大家取得共识，理解会议的目的和目标，与会者的态度就会大不相同。

有时候，某人的发言会偏离会议的主题，导致会议无法朝着既定的方向前进。这时，会议主席就要及时纠正，站出来说："您刚才的意见很棒，但是有些偏离这次会议的主题，我们可以改天找个机会,让大家针对这个议题发表意见。谢谢您的意见。那么,我们继续之前的议题……"

确保会议朝着既定目标前进,这是会议主席的职责之一。

另外,会议主席还要控制好会议的时间,千万不能让与会者在尚未讨论重要议题之前,就已耗尽精力。

一开始要让大家对会议目的、原则和时间安排达成共识,让参与者的目标一致。

面对强势与会者，
四点妙计破难关

假如你是会议主席，而与会者都是经验丰富的长辈，你该如何让会议顺利进行呢？

我年轻时常有这样的经历：出席会议的人全是比我年长的前辈，而且都很有个性，自视甚高，相当强势，而我则担任会议主席。每次回想起这些场景，我脑海中都会浮现出一只羊迷失在狼群中的画面。

我常常想，可能是因为我年纪轻，胆子小，没有个性，也没有什么偏执或偏好，所以才让我担任会议主席的吧？

■ 达成会议前的共识

主持这种棘手的会议，一定要在开会前，先就某些问题和与会者达成共识。

举例来说，你可以先向大家宣布：**"今天的会议一定要在几点前结束。结束时，对于几月几日举办的活动该如何安排行程、如何筹备等问题，一定要有明确的答案。"**

先让大家对会议的目的、目标以及结束时间充分了解后，再开始会议。

■ 意见简洁化

接下来，要倾听每个人的意见。你可以对大家说：**"首先请各位一一发言，好吗？"** 这时还不到议论环节，因此你要控制好场面，保证每位发言者都能畅所欲言，其他人则要保持沉默。

听过意见后，你要简单扼要地陈述一遍，并询问对方：**"请问您刚才的发言是这个意思吗？"** 借此来归纳每位发言者的意见。

■ 整合意见，提出讨论议题

询问过所有人的意见后，接下来就要**提出讨论的议题**。

不是要你凭空提出议题，而是根据刚才听到的意见，提出有价值的讨论议题。例如，你问大家："假设现在处于A情况下，如何做才能有更好的结果呢？"如此一来，大家的讨论会变得更加热烈。

在大家都针对议题发表过意见后，你可以这么做结论："关于这个议题，大家的意见是这样，对吧？"随后再抛出新的议题，重复之前的步骤，让讨论形成循环。

■ 交给擅长的人处理

如果大家的意见各有千秋，或者与会者都很强势，就会出现意见无法统一、会议没有结论的情况。此时，当你觉得会议时间到了，就该把未解决的议题交给擅长的人处理。

举例来说，对于懂音乐的人，你问他："这个活动需要几首背景音乐，可否请您在下次开会前交出草案，决定曲风？"把这项任务交给他，因为这是他擅长的领域，他一定会回答："好的，没问题，就交给我吧！"

同样，你也可以对善于规划预算的人说："关于整体预算的分配问题，就交给您了，请在下次开会前提出草案，没问题吧？"总之，诀窍就是将任务交给擅长的人处理。

会议主席就像是管弦乐队的指挥，他既要让个性不同的演奏者相互合作，也要避免成员之间发生冲突，从而引导和指挥大家演奏出美妙的乐曲。

会议主席要让每位与会者尽情发表意见，然后提出议题，得出结论。

第 7 章

一开口就俘获听众的说话术

第 7 章的主题是一开口就俘获听众的说话术。

当你必须在许多人面前发言时,必须牢记的重点是什么?还有,该如何做才能缓和会场气氛?本章将传授各位在公共场合发言的技巧,请务必掌握哦。

开场后直奔主题？
错！先岔题才有趣

　　无论是上课还是演讲，只要是在众人面前讲话时，我一定会在心里默默提醒自己：**"我一定要比听众更加轻松自在。"** 因为演讲者一紧张，听众就会对演讲者的能力产生怀疑，从而无法专心倾听演讲内容。

　　那么我们该如何缓解开场时的紧张感呢？方法有很多，效果也因人而异。有的讲师在上台后，会先说一句："哎呀！我**好紧张。**"以此来缓解自己的紧张，缓和现场的气氛。

　　就我个人而言，我不喜欢太正式的开场白，我会以完全放松的方式开启话题，然后在闲聊中转入正题。以音乐比喻的话，就是避免一开始就出现高昂的旋律。这样既能缓解紧张,又能缓和气氛。听众以为我还在闲聊,猛一回神却突然发觉:"咦?已经开始了吗?"

我会卸下身上的盔甲,尽情享受站在台上演讲的时光。我喜欢给观众带来惊喜,让他们感受不一样的体验。因此,我的第一句话肯定不会是"大家好,我是山崎拓巳",而可能会是"昨天我吃了天妇罗"。

总而言之,我会先用轻松的话题吸引大家注意,然后在不知不觉中自然地切入主题,**等到大家回过神时,发现已经完全进入我的谈话世界中**。

我曾经看过日本著名戏剧导演蜷川幸雄先生导演的舞台剧。演员们进入剧场后,走入观众席问候他们的朋友,并说:"谢谢你来看表演。"接着就在不知不觉中开始了表演。

那是一种很奇妙的体验,日常生活和舞台故事没有任何界线,仿佛融为一体。前一秒你还在感受朋友的日常问候,下一秒却已走入虚幻的奇异世界。就像《爱丽丝梦游仙境》中的情节,听故事的人在不知不觉中掉进兔子洞里,等到察觉时,整个人早已完全融入故事中。

"哎呀,已经过去两小时了!"我常在想,如果演讲能在听众这样的感叹声中结束,该有多好啊!

我希望各位也要留意会场的细节，比如**上台时的音乐、开场前会场播放的背景音乐、会场的温度以及麦克风的音量或音质**等，因为这些都会影响现场的氛围，也会影响发言者在听众心中的印象，请务必留意。

最后再提醒大家一点，请不要在开始发言后，才向工作人员提出调整麦克风的要求："请将麦克风的音量调大一点。"我希望各位记住，为听众营造舒适的倾听氛围非常重要。

缓解开场紧张有妙招！先闲聊再切题。

气氛窘迫不用怕，
缓和气氛有方法

我一直认为，无论是上课还是演讲，在正式开始前，一定要先让听众放松，这样大家才会有所收获。可是，主持人却总是一本正经地介绍说："接下来请山崎老师为我们带来演讲，请老师上台！"他这样一介绍，会场气氛反而显得有些凝重。

当你觉得会场气氛有点僵的时候，该怎么办呢？我教你一个缓和气氛的有效方法：让听众动起来。例如，你可以对听众说："请大家花一分钟时间，与邻座的人分享一下自己最近发生的开心事。"只要大家活动起来，现场的气氛就会变得活跃。

以前，我曾跟一位前辈一起担任演讲培训班的讲师。一进教室，我们就发现里面的气氛非常压抑。

当时，前辈先上台讲课。他上台后就对学员说："请大家先活动一下吧。"我对他的做法相当佩服，心想："不愧是资深讲师，控制场面，游刃有余。"

发言者在台上发言时，通过听众的回应就能掌握现场气氛的变化。如果发言者抛出一个问题，回应者寥寥无几，就表示会场的气氛凝滞。一旦听众没有回应，发言者就会越说越紧张，以为听众没听明白，于是补充更多资料，结果话越说越长。

要想避免这种情况，就要时刻关注现场气氛。当你觉得气氛窘迫时，就赶紧想办法让观众动起来。

现场气氛变僵时，让大家动起来可以缓和气氛。

演讲犹如长跑，
最忌一开始就拼命

如果你喜欢看长跑比赛，就会发现，冠军绝不属于那个一开始就拼尽全力、一马当先的人，而是属于那个最善于合理分配体力的人。

我一直认为，演讲很像长跑比赛。

演讲时，如果一开始就全力以赴，那么等到真正重要的阶段，就会显得后劲不足，无法更上一层楼。而且，等到演讲结束后，不但你会筋疲力尽，而且听众也会感到疲惫不堪。所以，演讲时要先抑后扬，**一开始要沉着克制，之后再慢慢炒热气氛**。

年轻时，我不懂这个道理，每次演讲都是从一开始便全力以赴，结果效果很不理想。于是，我开始观摩演讲高手的演讲，才发现他们开场的语调都很平和，并没有一开始就铆足全力，而是在不知不觉中逐渐加力，慢慢抓住观众的心。

日本知名棒球教练野村克也先生就深谙这种先抑后扬的技巧。他的演讲一开始就会让大家的情绪降到谷底。比如，他可能会一开口就抱怨说："最近棒球比赛真无聊……"

我的一位演说家朋友更是与众不同，他上台后，突然坐在台上，把双脚伸直，喝一口可乐，潇洒地问："你们今天为什么要来听演讲？"

一开始不要铆足力气，而要先抑后扬。

注入笑点的秘诀,是运用时事、人际关系以及……

在上课或演讲等场合,笑声是非常重要的。笑声和活动身体一样,具有缓解现场气氛、激发听众兴趣的的作用。在发言期间,时不时地加入一些笑料,能够振奋听众精神,吸引他们的注意力。事实上,与绷着脸的人相比,面带笑容、心情放松的人的学习效率更高。

你可以利用时事新闻制造笑料,也可以从自己与主办人的关系,或是利用当地的风土民情来展开话题。

"昨天的那场足球赛……"

"第一次跟今天的主办人××先生见面时……"

"上次来××市应该是三年前的事了……"

"今天出门时,我老妈跟我说……"

"我一到这里,就觉得各位都是非常独特的人……"

有人会说:"我不擅长讲笑话。"

要用真实故事来制造欢笑,难度确实很高,但如果使用比喻来说故事,应该会比较容易博大家会心一笑吧?

另外,**邀请听众一起互动也是不错的方法**。举例来说,你可以这么问:"大家用餐的时候,是会把美味的食物最先吃掉呢?还是留到最后才吃呢?"听众听到问题后,大脑就会自动开始思考答案,从而主动进入你的话题中。

以下是某次演讲现场发生的故事。当时,女主持人可能是由于首次上台主持,说话声音很小,表现得有些紧张,结果气氛相当尴尬。于是,我上台后的第一句话就说:"今天的主持人好像是第一次上台主持,不过她表现得很棒。她给人的感觉就像早晨透过晨雾看见的湖面一样,安静而又神秘。"大家听后都笑了,笑声也成功让紧张的气氛再次缓和下来。

以前曾看过一个综艺节目,节目里有个这样的环节:当素人(指没有上过舞台,没有在电视上露过面的人)来宾出场时,日本演员关根勤会根据他的第一印象,说出一句形容来宾的话,譬如"不喜欢吃香菜"。而知名主持人有吉弘行则会当场为出席的来宾取一个有趣的绰号，从而制造与现场观众互动的机会。

像综艺节目中的那个环节一样，如果你平时能经常用饶有趣味的话语来介绍眼前的人或事物，久而久之，说出的话自然会变得有趣。

"那个人好可爱！有种粉红兔的感觉。"
"咦？好多男孩子喔！难道是机械工程专业的同学会？"
"真的是美味到让人销魂的包子啊！"
"他们看起来好像在玩'一二三木头人'游戏。"
"在马车还没变回南瓜前，赶紧回家吧！"（童话故事《灰姑娘》里面的桥段。）

不过，有一点要注意：**绝对不能看轻对方，绝对不能使用贬低对方的词汇**。当你说出不恰当的话时，听众虽然表面上看起来十分平静，但是心里却已经给你判了"死刑"。因此，必须要谨慎发言，如果把自己想象成一个嫌疑人，那么每一位听众都是审判团的成员。

利用比喻说法，制造缓和现场气氛的笑声。

发生意外状况怎么办？
用说笑的方式化解！

我在上课或演讲时，经常会遇到一些意想不到的情况。不过，对于这些突发情况，我不仅不担忧，而且还有些期待呢。**因为每当发生意外状况时，我都会将其转化成笑点。**

记得有一次，我正准备发言，发现麦克风的握柄缠着胶带，而且胶带破了，摸起来黏糊糊的，很不舒服。于是我便对听众说：

"我想各位应该不晓得，而且也看不出来，**我现在正在跟这支麦克风'较劲'**。因为粘在这支麦克风上面的胶带裂了，变得黏黏的，实在是碰不得，但却又不得不握着它，我正在试着让自己习惯这种不悦感。"

然后，我对着之前用这支麦克风致词的那位朋友说："喂，你对这支麦克风做了什么？"

这时，主办方赶紧让一位女孩拿着湿毛巾从讲台一侧走上来，帮我擦拭麦克风。

于是我继续调侃道："咦？居然还有这样的服务？对了，各位听众应该也能看到这位可爱的女孩吧？"

就像这样，**当发生意外状况时，不用紧张，只需以说笑的方式调侃一下，便能轻松化解**。

还有一次，当我正在发言时，听见现场屏幕后面响起咚咚的脚步声。更糟糕的是，脚步声传遍整个会场，大家都知道有人从屏幕后面走过，现场一阵骚动。于是我说："各位刚刚看到一位穿着红色衣服的女生横跨讲台吗？还是只有我看到，你们没看到？"

只要善于把握，演讲者能够利用的意外状况还有很多。譬如，会场中传来手机铃声时，我会开玩笑说："这音乐真好听！啊，是电话，请接请接。搞不好是送外卖的。"

实际上，将意外及时转化为笑料，舒缓大家的心情，这正是现场演说的迷人之处。

不过，台上一分钟，台下十年功。要想熟练地将意外转化为笑料，**平常就要训练自己随机应变的能力，培养各种表达技巧，丰富自己的词汇库**。

有一次，我递给一位朋友一块点心，说："这是点心，请吃吧！"他回答："咦，你这是在喂食吗？谢谢！"如此绝妙的回答让我对他的机智佩服得五体投地。

像这样的妙句最好都记下来，储存在大脑中，日后肯定能派上用场。

用绝妙的表达方式，将意外转换为笑料。

演讲就是传接球，
与观众的互动很重要

我认为，**演讲和平常对话一样，是在跟听众玩传接球的游戏**。

我们在演讲时，有时会反问听众一些问题，比如："昨天发生了某件事。请问大家对于这件事有何看法呢？"事实上，**这些向听众提问的环节在演讲中非常重要**。

可是，演讲又不同于对话，因为你无法直接听到对方的回答。也就是说，对话有问有答，仿佛两人在玩传接球游戏一样；而演讲却是和听众在玩想象中的传接球游戏。

当你抛出一个问题后，台下的听众会在心中默默思考，但却不会将结果直接说出来。这时，你要做的就是猜想听众的答案，然后顺着他们的思路继续演讲。

这种猜想能力对演讲者来说非常重要，因为你和听众的默契程度，直接决定了演讲的成败。那么该怎样提升自己的猜想能力呢？很简单，多多积累经验，随着经验的增加，你自然就能了解听众心中所想。

我在演讲时，总是想象着自己正在和听众玩传接球游戏，因此我不会固定站在讲台的某个位置，而是习惯在讲台上四处走动。这个习惯已经内化到我的身体里，只要站在台上，我的身体便会自己动起来。

但有时候，这种意识也会给我带来困扰。每当我站上讲台，发现自己必须要与听众隔着一张讲桌时，就会觉得自己与听众之间有所阻碍，无法很好地进行传接球游戏。我对此很是苦恼。

后来，我问一位歌手朋友："你在表演时，会怎样与观众沟通呢？"他回答说："我会对着逃生口的绿灯微笑，这样每位观众都会觉得我正在对他微笑，然后便会更加热情地观赏表演。因此，笑容才是最棒的沟通方式。"

在演讲中，笑容才是和观众最好的互动。

演讲中的措词要慎之又慎，避免无形中伤害他人

在公开场合发言或撰写文章前，必须要先问自己一个问题："**我说出的话或写下的文字，是否会伤害到其他人？**"也就是说，你的措辞不能伤害到某些职业或特定立场的人。

即使你认为这些内容很棒，**但如果有人会因此而受到伤害，那就不要说出口**。

当我们拿起麦克风讲话，或是提起笔撰写文章时，便会对别人产生很大的影响。我们应该用这股影响力去鼓励大家，而非伤害别人。

"这么说是否会伤害到某些人呢？"

当你发言时，必须要时刻提醒自己这个问题。对于可能会伤害到别人的话题,尽量不说;不得不说时,要保持警惕,慎选用词,避免伤害他人。

相反,如果是称赞别人的话,就应该多说,而且多多益善。比如:

"今天出席的××先生太棒了!前几天……"

"以前××先生曾经这样告诉我。至今那句话依旧深烙我心……"

"昨天与××先生见面时,发生了这样的事。不过,××先生完全不受影响……"

 时刻留意自己的措辞,避免伤害别人。

8

光气氛好还不够，
演讲要直击本质

当众发言时，除了要注意自己的措辞外，还要注意一点：**并不是一味地炒热气氛就好**。

口才越好的人越容易掉入这个陷阱，因此请务必留意。

如果我问大家："会场的气氛是热烈些好，还是安静些好呢？"我想大家应该都会说前者好。可是，请大家在回答前，先想一个问题：演讲的目的是什么？

演讲达到高潮的时候，气氛确实很热烈，听众也会在热烈的气氛中满意而归。但是，**大家能否因为演讲而有所改变，才是我们最应该关注的重点。**

如果听众只是当下感到开心，隔天醒来便把听的内容抛诸脑后的话，演讲就失去了意义。相反，如果听众能因为演讲者的一席话而有所改变，从此开始崭新的人生，那么即使当时的气氛再冷清，演讲也是成功的。

我经常会有这样的体验：当我一心想要炒热气氛、自我感觉良好时，演讲的效果却未必会好。反而当我觉得气氛安静、自我感觉不好时，演讲的效果却往往不错。甚至在一次自我感觉不好的演讲结束后，一位学员对我说："今天的演讲是我听过最棒的。" 我想，这是因为当演讲者太过得意忘形时，就会变得自夸，让人觉得他在强行推销自己。相反，当他自我感觉不好时，就会更加谦虚，用心演讲。

我们总是认为，反应越是强烈的听众，收获也会越多，其实未必。根据我的经验，那些看起来反应平淡的听众，有些只是还不习惯会场的气氛，他们的内心或许早已深受感动；还有一些只是在当时对内容不太理解、有所疑惑，但经过一天的吸收沉淀，从第二天开始便洗心革面，行动起来。

当你手握麦克风时，请务必保持谦虚谨慎的态度。不要只顾着自我表现，而要抱着利他之心，顾及听众的感受，冷静观察台下的反应，善用表达技巧，使出八分的力道发言。这样的话，既能加深听众的理解，又不至于使其感到疲惫。

此外，我希望每位演讲者都能在演讲结束后，**认真听取听众的反馈**。

每次演讲结束后，我都会多待一会儿，听取大家的反馈。我发现，只要你用心演讲，听众绝不会吝啬他们的赞美之词。我就收到过听众各种各样的褒奖：

"您前半段的演讲真是精彩。"

"听到最后那番话，我感动得哭了。"

"您刚才举的那个例子太棒了！"

当然，除了褒奖，我也收到过许多建议。我认为，正是听众的褒奖和建议，支持着我一次又一次地登台演讲，鞭策着我日复一日地不断前行。

其实，与复杂和喧闹相比，简单和本质更能打动人心。我之所以有这份体悟，是因为我看过的一场魔术表演。

我曾经在美国拉斯维加斯看过一位知名魔术师的表演。一开始，魔术师将扑克牌放在几位观众面前说："这是我爷爷教给我的第一个魔术。"魔术表演就此开始，他对这几位观众下达指令："请将第一张牌这样处理，然后是……"最后，他要每个人掀开最后一张牌，结果大家面前的牌竟然都一样。

这只是一个简单的扑克魔术，既没有复杂精巧的道具，也没有惊险刺激的场面，但是在场的每位来宾都一致认为，他们看了一场最精彩、最复杂的魔术表演，内心充满悸动。

魔术表演和演讲有一个共同目标，那就是要打动多数人的心。

当站在台上的表演者一心想着如何让话题足够新鲜，如何让内容足够高深复杂，如何让表演更绚丽夺目，如何让气氛更热烈疯狂时，他们可曾想到，**观众真正期待的却是更简单、更核心、更容易理解的表演**。因为这样的表演更容易打动他们。

气氛热烈的演讲未必是成功的演讲。

使用图表式演讲笔记，
从此扔掉演讲稿

我通常在**演讲开始前一小时才思考演讲内容**。

为什么要在开讲前才思考演讲内容呢？因为如果提前太早的话，到时就算看着笔记本上记下的重点，也可能想不起原来准备说的话。而我在开始前的一个小时开始思考内容的话，到时只要看着笔记，马上就能想起来。

关于如何写演讲笔记，我有自己独特的方法：**图表式演讲笔记**。所谓图表式笔记，就是将演讲内容用图表的形式表现出来。具体方法是，先写出各部分的关键词，然后用箭头和图形将这些关键词按照逻辑关系连接起来（请参考 176 页）。说得更通俗一点，这其实是一幅演讲设计图。

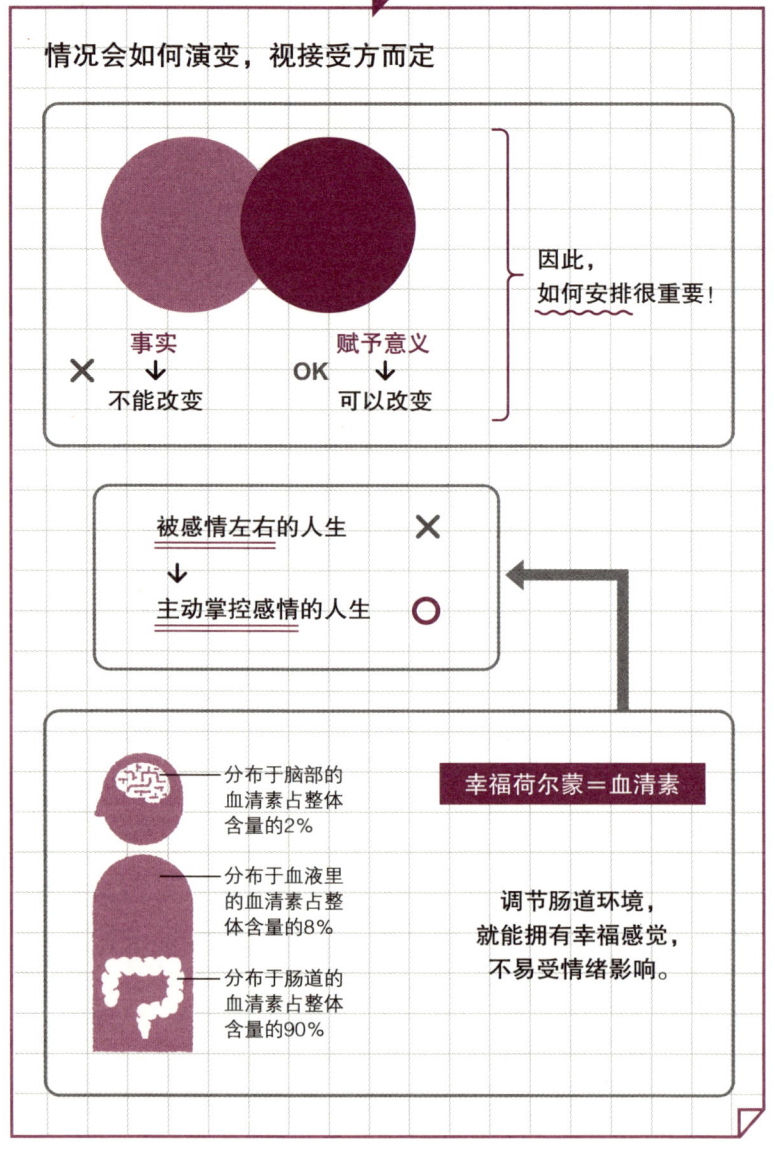

许多人看到我没拿演讲稿，以为我是即兴演讲，其实我是把自己画的演讲设计图放在手边，然后根据图表进行演讲。

我会养成使用图表做笔记的习惯，要感谢中学的一位历史老师。

这位老师的授课方式非常特别，他每次都会告诉我们接下来要讲的课程，然后要求我们用图表的形式将课程内容整理出来。下一次上课时，老师会让一位学生将自己整理的图表画在黑板上，并叫他用手指着黑板上的图表给大家讲课。

这堂课有一半的时间是学生在讲解，然后老师会对刚刚那位学生的讲解予以指正，比如他会说："你这样的整理方式，别人不容易看懂。这里的箭头换成等号会比较好。"

正是在这种授课方式的熏陶以及历史老师的指导下，我学会了这种图表式整理技巧，并且受益至今。我在准备演讲稿或整理别人的发言内容时，常常用图表来理清思路。我在倾听别人演讲时，也常常边听边在脑海中勾画图表。这样，在倾听的同时，我已用图表将演讲的重点归纳出来。

让我们言归正传。我之所以以图表化的方式整理演讲笔记，除了因为图表有利于归纳整理，其实还有另一个理由，那就是可以**清楚看懂演讲的内容大纲及流程**。

很多人都习惯于将演讲内容一字一句地写下来，等到上台时,就对着演讲稿照本宣科。每次看到这种人,我就会在心里为他担忧:"万一看错了行,该怎么办呢?"

如果采用图表的方式,就绝对不会出现看错的情况。因为图表中只有一些关键词、箭头和图形,而这些关键词就是演讲的内容大纲。

例如,当我在笔记本上看到"三重"二字时,自然就会说:"我出生的故乡三重县是……"像这样,只要眼睛扫过这些关键词,就可以知道接下来该说什么了。

每次演讲前,我都会用图表的形式将重点写在笔记本上,就算出现与过去的图表重复的部分,我也不会省略,每次都会从头写到尾。

因为我认为,书写行为本身也是非常重要的一环。当你在写重点内容时,下笔自然会更加用力,而且手写会比用电脑打字更记忆深刻。

正是因为这些优点,我坚持手写演讲笔记。如今,我的演讲笔记已经有好几十本了。

采用图表的形式制作演讲笔记。

后记

利他思考是与人建立温暖关系的好方法

以前，我曾跟一位西藏高僧合作举办研习课程。

当时，一位学员提出这样的问题："我虽然现在充满斗志，但总是无法持久。我对于这样的情况感到自责，请问该怎么办才好？"

当时那位高僧的回答深深感动了我，他说："据说这个地球上有两成的人跟你的感受一样，但我认为应该不止两成，而是有三成的人都是这样的感觉。地球上总共有七十四亿人，其中的三成就是二十多亿人，这些人的心态都跟你一样。当你有这样的感受时，**为了拯救跟你有相同心情的人，可以为他们祈祷。你觉得这个方法如何呢？**至少在祈祷的时候，你不会去碰触自己内心的黑暗面。"

为某人着想，要拯救某人，这就是利他的精神。
其实，利他的精神也是在拯救自己。

一个全新的时代已经到来，而且这个时代正在以前所未有的速度不停变化和发展。正因为这样，如果能不受时代改变的影响，永远将重要的事摆在心中，或许就能适应这个高速变化的新时代。

这次应KANKI出版社之邀，我首次将自己过去三十年所学到的说话术呈献给大家。写完这本书之后，我才明白**所谓的说话方法，就是通过对话与人建立和谐关系的方法。**

随着时代的发展，家庭的结构类型已从过去的联合家庭、主干家庭转变为核心家庭。也就是说，我们几乎都来自人数很少的小家庭。

生活在大家庭的人，从小就能亲身感受到人际关系的复杂，并有许多处理人际关系的机会。可是，如今我们大多数人都**没有累积足够的人际关系经验**。换句话说，我们就像是没有学习就上考场的考生。

如果我的经验能对读者有所帮助的话，我会非常开心。

最后，非常感激KANKI出版社的大西启之先生能给我这个机会，谢谢你！

山崎拓巳

图书在版编目（CIP）数据

情商高的人说话超温暖／（日）山崎拓巳著；黄琼仙译．——北京：中国传媒大学出版社，2020.8
ISBN 978-7-5657-2702-3

Ⅰ．①情… Ⅱ．①山… ②黄… Ⅲ．①语言艺术－通俗读物 Ⅳ．①H019-49

中国版本图书馆CIP数据核字(2020)第065002号

"SARIGENAKU HITO WO UGOKASU SUGOI! HANASHIKATA" by Takumi Yamazaki
Copyright ©Takumi Yamazaki 2017
All rights reserved.
First published in Japan by KANKI PUBLISHING INC., Tokyo.
This Simplified Chinese edition is published by arrangement with KANKI PUBLISHING INC., Tokyo in care of Tuttle-Mori Agency, Inc., Tokyo through jia-xi books co., ltd, Taipei.

本书由 KANKI 出版股份有限公司授权北京今日今中图书销售中心中文简体版权，现北京今日今中图书销售中心授权中国传媒大学出版社在中国大陆独家出版。
非经书面同意，不得以任何形式复制、转载。

北京市版权局著作权合同登记图字：01-2019-7024号

情商高的人说话超温暖
QINGSHANG GAO DE REN SHUOHUA CHAO WENNUAN

著　　者	［日］山崎拓巳
译　　者	黄琼仙
总 策 划	北京今日今中图书销售中心
责任编辑	欧丽娜
封面设计	北京今日今中图书销售中心
责任印制	阳金洲

出版发行	中国传媒大學出版社
社　　址	北京市朝阳区定福庄东街1号　　邮编：100024
电　　话	86-10-65450532　　65450528　　传真：65779405
网　　址	http://cucp.cuc.edu.cn
经　　销	全国新华书店

印　　刷	北京金特印刷有限责任公司
开　　本	880mm×1230mm　　1/32
印　　张	6
字　　数	109千字
版　　次	2020年8月第1版
印　　次	2020年8月第1次印刷

书　　号	ISBN 978-7-5657-2702-3/H·2702　　定　价：58.00元

版权所有　　侵权必究　　印装错误　　负责调换